朝日新書
Asahi Shinsho 820

チームが自ずと動き出す

# 内村光良リーダー論

畑中翔太



朝日新聞出版

# はじめに

「内村光良《てるよし》」というお笑い芸人の名前を、日本のほとんどの人は知っていることだろう。「ウッチャンナンチャン」として1985年に『お笑いスター誕生!!』でテレビデビューを果たしてから、『ウッチャンナンチャンのやるならやらねば！』『ウッチャンウリウリ！ナンチャンナリナリ!!（通称・ウリナリ!!）』『笑う犬の冒険』『世界の果てまでイッテQ！』など、世代を超えて沢山の人気番組をつくりあげ、NHK『紅白歌合戦』では4年連続で総合司会を務めるなど、今や国民的タレントの一人と言っても過言ではない存在。

そしてこれも知られていることであるが、内村光良は、明治安田生命保険相互会社が新社会人となる学生を対象に行ったアンケート結果をもとに毎年発表されている「理想の上司ランキング」において、5年連続で1位に選ばれている。

それ自体はテレビ番組などにおける内村自身のキャラクターやイメージが大きく影響し

ているると思われるが、実は以前からテレビなどのいわゆる業界内においても、「内村さんの現場は必ずいいチームができる」という噂をたびたび聞いていた。

筆者は元々、TVCMやプロモーションなどのいわゆる「広告・マーケティング」の企画、制作に携わっている。二年ほど前、ある企業の広告制作で内村と仕事をする機会があった。

それが、筆者自身にとって初めてとなる「内村光良」との現場であったのだが、〝芸能界の大御所〟である内村との仕事にそれなりの緊張は覚えつつも、仕事柄こうした撮影も多いことから、正直、それ以上の感情は持ち合わせていなかった。

しかし、いざ撮影がはじまってみると、内村の現場での姿勢に驚かされた。内村は大御所然とした雰囲気を微塵も出さず実に自然体で、通常なら緊張感が張り詰めるような制作現場において、自分の出番ではないときも楽屋に戻ることなく、椅子に腰をかけることもなく、スタッフと同じように現場に立ち、さらにはエキストラのことを気遣い、撮影現場の空気を盛り上げてくれた。

わずか1、2日の撮影であったが、そんな一つの仕事に対しても真摯に取り組み、現場の空気を円滑なものに変える佇まいに、「感心」という感情を超えて、強い「興味」を覚えた。

なぜなら、そのとき筆者の頭の中では、「内村光良＝理想の上司」という世間が持つイメージが、「内村さんの現場は必ずいいチームができる」という、あの〝巷の噂〟とリンクし、よりリアルなものに見えていたからだ。CM撮影の現場一つをとってみても、「プロジェクトをベストな状態に持っていく力がある」、まさに今の時代が求めるニュータイプのリーダーだと感じられた。

だが一体、どこがこれまでのリーダーと違うのか、撮影現場での短い邂逅《かいこう》だけでは解読しきれなかった。

そして次第に、クライアントの商品やサービスの価値や魅力を伝えていく筆者の職業柄か、内村光良という人間が業界の内外から、「いいチームをつくるリーダー」と言われる所以《ゆえん》を紐解き、そのリーダーシップの本質を客観的に〝言語化〟してみたくなった。それが本書を執筆することになったきっかけだ。

さらには筆者自身も現在、「企業」という組織の中で数名のチーム員を抱える立場であり、いいチームをつくる〝リーダーの正体〟を、最も知りたい人間の一人であった。

その意味で、本書は、内村光良の魅力を伝達するためのものではなく、あくまで内村という人間から紐解かれたリーダーシップ性を、一般社会ではたらく全ての方へ還元するために書いたものだ。


しかしここで記しておきたいのは、内村自身は「多くを語らない人」だということである。

彼は、こうすべき、ああすべき、自分ならこう考える、といったことを後輩や周囲に話したりしない。ましてや本書のタイトルである「リーダー論」などを周囲に絶対に語らないようなタイプといえる。

そのためこの本は、内村光良をよく知る関係者に取材を行い、彼らからの内村の「他己評価」に基づいて、筆者が分析・推量したリーダー論である。内村自身に直接取材したものではないことを、はじめにご留意いただきたい。だが、彼の仕事やチームに対する姿勢を詳しくヒアリングし、事実に基づきまとめたつもりである。

執筆に際し、内村光良という人間をより精密に分析するために、計24人の関係者にインタビューを重ねた。

内村と数々の作品をともにしてきた芸人仲間や共演者、多くのレギュラーを抱える内村のテレビ番組の制作関係者、監督としての顔を知る映画の製作関係者、内村の原点とも言える舞台の制作関係者、そして少年の頃からの内村の素顔を知る親戚に至るまで、関係者の中でもより忌憚なくお話しくださる方々に依頼した結果、率直で示唆に富んだ体験談が集まり、実にさまざまな角度から内村光良の、仕事というものに対する姿勢を掘り出すことができた。

コロナ禍にもかかわらず、快くリモート取材・対面取材に応じていただいた左記の関係者の皆さまにはこの場を借りて感謝の意を述べたい。

木村　多江　様
ウド　鈴木　様
塚地《つかじ》　武雅《むが》　様
いとう　あさこ　様

中川　大志《たいし》　様
古立《ふるたち》　善之　様（日本テレビ放送網株式会社）
黒川　高《たか》　様（日本テレビ放送網株式会社）
木月　洋介　様（株式会社フジテレビジョン）
伊藤　隆行　様（株式会社テレビ東京）
山之口　明子　様（日本放送協会）
西川　毅　様（日本放送協会）
重松　圭一　様（関西テレビ放送株式会社）
青木　裕子　様（関西テレビ放送株式会社）
松本　整《せい》　様（株式会社電通）
片山　勝三　様（株式会社SLUSH-PILE.《スラッシュパイル》）
白石　千江男《ちえお》　様（株式会社アタリ・パフォーマンス）
工藤　浩之　様（株式会社ケイマックス）
飯山　直樹　様（株式会社ケイマックス）
栗谷川《くりやがわ》　純　様（レスパスビジョン株式会社）

下梶谷《しもかじたに》　敦　様（株式会社読売新聞東京本社）
星野　博規《ひろのり》　様（株式会社小学館）
内村　宏幸　様（放送作家・従兄）
大の木　ひで　様（ヘア&メイクアップアーティスト）
中井　綾子　様（スタイリスト）

取材の中で見えてきたのは、リーダーや上司が〝強い立場〟から「プレッシャーをかける」といった旧来型のアプローチを使わずしても、携わるチームメンバーがなぜか自発的に動き出し、伸びていく、内村が率いるチームの特異性。

内村というリーダーには、チームのメンバーを「行動させる力」が備わっているように見受けられた。プレッシャーを与えず、チームを自由にパフォーマンスさせているうちに、周囲はいつのまにか、内村についていきたくなっている。内村の目指すところに向かって、プロジェクトの成功のため、進んで奮闘しはじめる。それは、いわゆる〝モーレツ社員〟を是としていた昭和的な育成論が過去のものとされる現代において、「令和的リーダー」になるためにまさに必要とされる資質ではなかろうか。

第1章では、「リーダーシップ」に焦点を当てる。内村と現場で関わる人々は、内村光良という人間のことを「背中がわかりやすい人」だと表現する。古くから、「背中を見て学べ」という言葉があるように、師匠が弟子に手取り足取り教えずに、その姿から〝技術を盗ませる〟ことは、一つの育成論とされてきた。内村の姿勢は、これに当てはまる。内村本人は意図して行っているわけではないが、彼がそんな「リーダーの背中」をいかにしてつくりあげているのか、筆者が分析したその方法論を紐解いていきたい。

第2章は、「チームマネジメント」に着目する。内村自身は企業に勤める「会社員」ではないため、明確なチームマネジメントを行なっているわけではない。しかし、無意識的なアクションも含めて、内村は後輩芸人やスタッフの「現場パフォーマンス」を向上させる力がとても高い。真髄として見て取れるのは一貫して「任せる」「信じる」という姿勢だ。呼応するように「信頼を裏切りたくない」「期待に応えたい」とチーム各員の現場のパフォーマンスが最大限に発揮されれば、自ずとチーム全体の力は向上する。内村のスタイルがいかにチームの健全な組織運営に効果があるのかご説明したい。

第3章では、より個々人への育成（コーチング）という視点から、内村の流儀がどのように活用できるのかを解説していきたい。部下や後輩のパフォーマンスに素直に反応し、リーダー自身が一番のお客さまでいることで、「士気を高める」内村式コーチング。そして特筆したいのは、内村のチームには〝潰れる人〟が少ないという点だ。部下や後輩を「伸ばす」ことも重要だが、現代のマネジメントにおいて重要な「潰さない」育成という見地からも、内村式コーチングには様々な学びが隠されている。

最終章である第4章では、そのような内村の姿勢を自己の中でどのように育てていくのかという、その「マインドづくり」「パーソナリティづくり」について分析していく。前半では、「自己成長」を続けるためのマインドづくりについて、後半では、「人を好きにさせる」という、より人間的な感情をつくりだすパーソナリティ像について話していきたい。本書を手に取られた方の多くは「尊敬されるリーダーになるにはどうしたらいいか」と思案したことがあるのではないか。読み終えるころには、それがいかに無用であるかお分かりいただけることだろう。

繰り返しになるが、内村自身の職業は「お笑い芸人」であり、企業という組織に勤める「会社員」ではない。

そこで本書では、内村のテレビや映画、舞台における仕事現場での姿勢や振る舞いを、一般企業や組織におけるリーダー論として置き換え、言語化・キーワード化している。「働き方改革」が声高に叫ばれ、これまでのリーダー論が通用しなくなっている現代社会の中で、その意識の変化は理解しているものの、昔ながらのアプローチ法しか知見がなく四苦八苦している方々。そしてこれからリーダーになっていくにあたり、時代に適した最良のチームマネジメントを身につけたい方々。一人でも多くの方が本書によって、内村光良リーダー論を会得し、それぞれの職場で実践に移すことを願ってやまない。

それでは、人を巻き込み、人を動かし、大きなチームの力を生み出していく、「内村リーダー論」をはじめよう。

チームが自ずと動き出す　内村光良リーダー論

# 目次

第2章　チームマネジメント

第4章 自己マインド／パーソナリティ

# 第1章

# リーダーシップ

# 「背中を見せる」リーダーシップ

内村はテレビや舞台の現場で関わる共演者やスタッフに対して、「ああしたほうがいい」「こうしたほうがいい」といった、アドバイスやダメ出しを全くと言っていいほどしない。

その代わり、そのような言葉がいらないほどに、彼は自身の行動で「仕事とはどう向き合うべきか」「現場ではこうすることが大事なのだ」を語る。

いや、もっと正確に表現するなら、内村自身から自然とそれが滲み出ている。

**内村は「努力を怠らない人」だ。**プロフェッショナルとしてはごく当然のことかもしれない。だが取材を通じて、「内村光良」という人間の本質を探求していく中で、彼を表す一番的確な言葉は、やはりそれに尽きるように思う。

そして内村は、その努力する姿を、成功だけでなく失敗に終わろうと、てらいなく周囲に晒《さら》す。

今回、**多くの関係者が彼のことを語るとき、「内村さんの背中を見ていると〜」「内村さんは背中が語る人です〜」というように、「背中」という表現を用いていた。**詳細は後述するが、その「背中」は、内村が成功者だから持ち得ているものではなく、もがきも含め、努力を怠らない姿勢の積み重ねがつくり出しているものであると考えられる。

第1章ではまず、部下や後輩を行動させる規範となる「リーダーの背中」が、どのように形作られていくのか、そのヒントを、関係者の取材の中で見えてきた内村ならではの姿勢や習慣、行動から紐解いていきたい。

# 1 誰よりも一番「汗」をかく

**取材した関係者の多くが証言した要素の一つ、それは、「内村は誰よりも一番汗をかく」ということ。**


演技の現場であれば、誰よりも早く台本を頭に入れてくる。

テレビのロケであれば、若手に負けじと、56歳になった身体でバク転に挑戦する。

そして、複数のゴールデン帯の番組でベテランMCを務める立場でありながら、自分自身を追い込むために毎年新ネタを書き下ろし、お笑いライブを開催する。

このように彼は若手の頃から現在の立場になっても変わらず、自ら「汗をかく」ことを止《や》めない。置かれた立場や状況の上にあぐらをかいて、現場にだけ汗をかかせ、手を抜いて物事に取り組むことはない。「手を抜けない人」と言ったほうが正しいかもしれない。

内村の従兄であり、内村が高校卒業後に熊本から上京した際に生活をともにしていた、放送作家の内村宏幸氏はこう言う。

「彼の場合、楽なポジションにつこうと思えばつける立場ではあるんですけど、絶対にそんなことはしない。むしろ自分でやって見せることでチームを引っ張っていくというか。**事実、『イッテQ』なんかでも自分が一番汗をかいているわけですよね。だからこそ、周りも『あの人がやっているなら自分もやらなきゃ』みたいなことになって、全体の士気が高まっていくんだと思います。**どこの組織でも上の人が汗かいて頑張っている姿を見せられたら、やっぱりついて行くというか、この人のためなら頑張ろうと思うのは当然でしょう。まぁ、彼はそんなこと、まるで意識してないでしょうけど（笑）」

**内村さんが一番頑張っている姿を見せられたら、こっちはもう頑張るしかないじゃないですか。**

これは、内村と舞台で共演する芸人や番組ディレクターなど、各所の関係者が口を揃えて言うセリフだ。

**ここで重要なのは、内村が「誰よりも一番完璧である」のではなく、「誰よりも一番汗**

**をかく」リーダーである点だ。**

リーダーはつい、間違いやミスを犯さない「完璧さ」をリーダーの大事な資質と捉えてしまいがちだ。しかし、内村への周囲の評価を読み解くと、チームをともに動かす際に求められるのは、汗をかくことであり、必ずしも完璧なパフォーマンスをすることではないのがよく分かる。バク転にしても、20代の男性タレントが披露するキレがあるパフォーマンスに、内村は敵わない。けれど何日にもわたり練習を重ね、満身創痍《そうい》で繰り出されるたった一度の回転が、共演者やスタッフ、視聴者の心をぐっと深く掴んでしまう。

のちの章でも解説していく点ではあるが、**チームを動かすリーダーに「完璧さ」は必要条件ではない。「人を動かす」上で大切なのは、「人の〝心〟を動かす」ことだと筆者は考えている。**そして人の心を動かすトリガーは、「パフォーマンスの素晴らしさ」ではなく、素晴らしいパフォーマンスを生もうと「努力する姿勢」にある。

すなわち周囲の人間が動かされるのは、リーダーの「完璧な姿」ではなく、「もがいている姿」であり、内村は無意識的に〝それ〟を体現している人といえる。

組織において、通常もっとも汗をかくのは「現場」だ。マネジメント層はストレスこそ抱えるかもしれないが、体を張って戦うのは現場の役割。まさに『踊る大捜査線』でいう、現場の青島刑事（織田裕二）と上層部の室井さん（柳葉敏郎）の関係。それが組織の構造というものかもしれない。

そんな構造の中で、チームやプロジェクトのリーダーが内村のように一番汗をかいていたら、部下はどんなことを思うだろうか？

少なくともそのリーダーと〝同じレベル〟では頑張ろうとする。

**すなわち、リーダー自身が真っ先に汗をかいて走ることは、そのチームの「パフォーマンスの基準」を初めから高めに設定できる効果がある。**

事実、本書執筆時点（2021年4月）で、NHKで放送中のコント番組『LIFE！～人生に捧げるコント～』において内村とともに濃密なコントを作り上げている後輩芸人、塚地武雅氏はこう語る。

「内村さんが誰よりもストイックにコントに取り組んでいるので、その姿を見て『怠けようかな』と考える人は一人もいない。自分も内村さんと同じくらい努力しないと、プロとしてやっていけない、という気持ちになりますよね」

また、『東京オリンピック生まれの男』『東京2／3』など内村が脚本・主演を務めた舞台の演出・ケイマックスの飯山直樹氏が明かしてくれたエピソードも、実に興味深い。

「舞台においても内村さんは、いち早く台本を覚えて、演技のイメージをしていて、いつも一番先を走っているというか、ご自身のテンポで進んでいくんですよね。他の共演者さんがいてもとくにペースを合わせないので、周りがいつの間にか内村さんのテンポについていく。内村さんは、悪い意味ではなく、とてもマイペース。誰かに歩幅を合わせることはないんだけど、周りはいつも内村さんの様子を見ている。結果的に**みんなが内村さんに歩幅を合わせてどんどん進んでいく感じ**があるんですね」

これは、共演者やスタッフに配慮なく、自分勝手に稽古を進めてしまうということではない。迷い悩んでいる仲間を見逃さず、さりげなく声を掛けフォローする内村も、間違いなく稽古場にいる。けれど、舞台の仕事は、団体戦である全体の稽古や進捗とは別のところで、出演者それぞれが自身の課題と向き合い、パフォーマンスを向上させるという個人戦の側面も持つ。そういった個人戦において、周囲を気にすることなく、内村が一番先を走っていくことで、いつの間にか内村のペースが現場全体の「パフォーマンスの基準」になっていくのだと、飯山氏は言葉を重ねる。

逆に言えば、**リーダーが汗をかかず、のろのろと走るような人物であれば、その部下たちにも同じようなペースが伝染していってしまう**ということになる。

ここで留意しておきたいのは、内村はひと昔前の〝モーレツ上司〟とは異なり、その姿勢を周りに「強制するわけではない」という点。そうしたプレッシャーを与えることもしない。彼はただひたすら、「自分一人で走ろう」とする。**そんな孤独な姿を見た周囲が、「内村さんが走るなら、自分も走ろう」と、自発的に背中を追いはじめる。**

---

「現場での内村さんはアクセルを全開で踏んでいますが、他人に同じことを求めたりはしません」

そう証言するのは、舞台『ボクの妻と結婚してください。』をきっかけに多くの番組で共演、プライベートでも親交が深い女優・木村多江氏。

---

「内村さんの進み方の力強さに、思わず〝こちらも行かなきゃ〟と知らないうちに走らされてしまう感覚なんですよね（笑）。**別に内村さんから〝やって〟と強制されるわけではないけれど、内村さんが黙々と努力する姿を見ていると、自分の中の〝これくらいでいいかな〟という甘さが取っ払われていく。**座長なんだけど、リーダー然とはしてないです。でも、一番頑張っているから、周りがそれに自発的について行くような感じです」

組織においても、ある一定の立場にいる存在が、そのポジションにあぐらをかくことなく、一番汗をかいて真っ先に走っていく姿は、現場に強力なインパクトを与える。そして、その「素晴らしいパフォーマンスを生もうと努力する姿勢」が周囲の「人の〝心〟を動かす」ことにつながっていく。

**その結果、決して部下や後輩に「強制」することがなくても、いつの間にかリーダーの**

**汗まみれの背中を追って、チーム全体がともに走り出していく。**

## 2 「土俵」を降りない

**内村は年齢を重ね、芸能界においてそのポジションが上がっていっても、いつまでも「自分もやりたがる」**。

コントでは自ら常に新しいキャラクターを生み出そうとする。クイズであれば自分も解答者になりたがる。ロケであれば自分も体を張りたがる。後輩が朝ドラに出演したら自分も出たがる。番組や舞台などで共演する後輩芸人たちは、そんな姿勢を見て、**内村を「土俵を降りない人」だと言う。**

明確な引退や定年制度がない芸能界において、どんなベテランも土俵を降りていないように見えるが、その多くは実は土俵まわりで現役力士を眺める立場にまわっている。

内村は「お笑い第三世代」を象徴する存在であり、本人が望むと望まざるとにかかわらず、タモリ・ビートたけし・明石家さんま・笑福亭鶴瓶に続く〝大御所〟と呼ばれる立場にいる。本来その立場の人間は、新ネタを書いたり、体を張ったり、チャレンジしたりといった、いわば前線のことは若手に任せて、彼ら彼女らをスタジオでうまく取りまとめていく指揮官的役回りを求められる。実際、その位置に安住する人々も少なくない。

ビジネスの世界においても、リーダーに求められる役回りはチーム員時代とは変わってくる。**部下を持ったり、チームを持ったりすると、それに比例して「現場で戦う時間」は減っていくのが一般的。**「マネジメント」というもう一つの大きな仕事が生まれる分、仕方ないことともいえる。だから若手の頃のように、ひたすらに企画を考えたり、営業活動に力を入れたり、プレイヤーに徹することが、物理的に難しくなってくる。そして結果的に組織の中で、最前線である「土俵」に立つ機会が減っていき、行司側に回ったり、運営側に回ったりを余儀なくされる。

それが悪いとは言わない。だからこそ、若い世代のために力を尽くせることもある。

だが**マネジメントに専心するのではなく、プレイヤーとしての自分にも執着し続けるのが内村の流儀**である。彼は指揮官としての役回りもこなしながら、いくつになっても、最前線の「土俵」を降りようとしない。それどころか、誰よりも積極的にまわしを締めて、土俵にあがろうとする。

「ポケットビスケッツ」「ドーバー海峡横断部」など数々の番組企画で内村と共演してきたお笑いコンビ・キャイ～ンのウド鈴木氏は、内村がテレビ番組のレギュラーをほぼ毎日のように持ちながらも、「大車輪」「跳馬」「バク転」といった体当たりロケから、「欅坂46（現・櫻坂46）」「乃木坂46」とのダンス共演、生放送での「ピアノ演奏」といったチャレンジを常に己に課すこと、さらに映画を監督したり、オリジナル小説を上梓したり、舞台の脚本・演出・主演を務めたり、ここ数年は『内村文化祭』というお笑いLIVEを主宰し、2時間分の新ネタを書き下ろし客前で披露する内村の姿勢を「信じられないこと」と驚く。

「56歳にして挑戦し続けるなんて、普通じゃないですよ。お笑いの人がお笑いをやります、ということはあるかもしれないんですけど、演出・ネタ書き・踊り・歌、それ以外のことも自分が全部やりたいからといって、やる。僕なんかには考えられません」

前出・塚地氏も同じ後輩芸人という立場から、内村の降りない姿勢に脱帽する。

「若手に混じってコントをやって、バラエティではMCポジションなのに時に過酷なロケにもいく。僕が以前『内村さまぁ～ず』に出たときも、我々と一緒に同じような企画をやる。現場という土俵を降りない方なんですよね。**内村さんが〝審査側〟、我々が〝プレイヤー側〟の立ち位置にさせてくれたら楽やのに、プレイヤー側に居続けるんですよ。**内村さんが現場で頑張ると絶対におもしろくなるから、我々にしてみると、もう来ないでくれよ、と（笑）」

---

意固地に若手に現場を譲るなと伝えたいわけではない。実際、内村は「自分よりも若手の出番を多くしてほしい」と裏で番組プロデューサーに掛け合っているような人間だ。

内村のこのスタンスは、シンプルに「自分も現場にともに立ち続けたい」という、若い頃と変わらぬ意欲の顕《あらわ》れである。リーダーとして仲間のために汗をかくことは大前提にありながら、加えて、自分のために汗をかくこともやめない。

そんな内村を見ていると、**常に第一線で奮闘する姿勢を持ち続けるリーダーだからこそ、**

**チームに対して見せられる〝背中〟がある**ように感じられる。

そして「土俵を降りない」内村の流儀の実践にあたり、心しておくべきことが三つある。まず、「苦手に挑む」こと。社会人としての経験を積んでいくにつれて、仕事における自分の得手不得手はおのずと自覚されてくる。この苦手から目を背けない姿勢が求められる。

---

2006年にスタートし、現在もネット配信されている『内村さまぁ～ず』は、かつて『内村プロデュース』という番組でMCの立場にいた内村が、一人の芸人としてさまぁ～ずと同じ板に立たんと始めたものだという。後輩であるさまぁ～ずの大喜利の力を認め、自身はどちらかというと苦手としてきたその土俵に、後輩の胸を借りて挑んだ。

これはまさに内村が、「苦手に挑んだ」行動になる。後輩たちの方が力を発揮できる分野に、その才能が劣っているとわかっていながらも飛び込む。そうした姿が、リーダーが今でも土俵の上で戦う姿勢として、後輩らの心を掴むのだろう。

次に「新たな分野に挑む」こと。内村は**地場だけに飽き足らず、それ以外の「土俵」にも上がろうとする。**

内村は過去に小説を3作、出版している。映画も3作、監督している。お笑い芸人の土俵から降りないばかりか、**新たな分野にも休むことなく挑み続けている。**

内村が上梓した小説『ふたたび蝉の声』で編集に携った読売新聞社・下梶谷敦氏も、それまでのキャリアが通用しない小説という表現手段に挑戦する姿に刺激を受けた一人。

---

「あれだけお笑いの世界で立場を築かれた方が、ものすごく謙虚で、小説の書き方やストーリーの構成について、編集者に真摯に教えを請おうとされるんですよね。構成をこう変えてみるとどうなるだろう、と議論したり。……その情熱に敬服しました」

また内村が脚本・主演を務めた舞台のプロデューサー・白石千江男氏は、舞台『東京2／3』の役柄でドラム演奏をすることになった内村が、稽古場でひたすらドラムを練習しながら、自分の肩書がこれによって一つ増えるというような意味合いで、「特技・ドラムと書けるな」などと笑っていた様子が印象に残っているという。

「冗談めかしてはいたけれど、本心でもあるんじゃないかなと。十分テレビで活躍していてその必要はないのに、貪欲にできることをさらに増やそうとする意欲に感銘を受けました」

最後に「怪我を恐れない」こと――。**なぜなら、この「土俵を降りない」というスタイルは、同時に「負傷する恐れ」もはらんでいる。**

たとえば内村が主催するお笑いLIVE『内村文化祭』。前出・塚地氏は同じ芸人として、

「なんで、わざわざ一人で滑る可能性もあることをするのか?」

と舌を巻く。

同じお笑いの現場でも、無理に大喜利の回答者に回ったり、過酷なロケに出たりすることで、結果が出せなければ、「なんかウッチャン、おもしろくなくなったね」と、自分の

これまでのキャリアに傷がつく可能性もある。小説や映画も**失敗すれば、世間からは「やらなければよかったのに」とチャレンジそのものを否定されかねない**。評価が下がれば、土俵から問答無用で降ろされてしまうことにつながる。

このように「怪我を恐れない」ことは、意識としてはわかっていても、それを実行し続けていくことは決して容易ではない。

同ライブを手がけるライブプロデュース会社・SLUSH-PILE.代表取締役の片山勝三氏も、失敗し株を落とすことを辞さない内村の姿勢に、毎度心を揺さぶられると告白してくれた。

「**あの世代になると、自ずとハードルがあがってしまい〝今の感覚がつかめないからやらない〟とか、どうしても消極的になってしまう**。でも内村さんは〝俺はやりたいからやるし、おもしろいからやるんだ〟と、さらっと言っちゃう。あの芸歴ですっとライブを開催するのは、実は、本当にできないことなんですよ」

現在30代半ばの筆者は、普段は企業（クライアント）の依頼に対して、広告やイベントなど様々な「企画」を考える仕事をしているが、50代になった自分がフレッシュな20代の若手のアイデアに対して意見をしたり、それをまとめていくことはできても、「同じ土俵」で「同じ立場」でアイデアをぶつけ合うことを想像すると正直恐い。

だが、容易ではないからこそ、それに見合う価値があるといえる。いかに現場である「土俵」の上に居続けるために奮闘しているか、そんなリーダーの〝背中〟が垣間見えることは、部下や後輩にとって大きいのではなかろうか。

## 3 自らの「芯」をブラさない

今回取材を通じて感じたのは、**内村の中には「内村光良」という一本の〝芯〟のようなものが通っていること**。少し抽象的に聞こえるかもしれないが、「自分は、こういうことが好きで、こういうことをしたいから、今ここにいるんだ」という、彼のブレない信念のようなものが、様々なエピソードから垣間見られる。

内村はデビュー以来、常に芸能界のトップランナーだと思われがちだが、抱えていたレギュラー番組が次々に終わるなど、その露出が減った時期もあった。お笑い芸人にとって露出が減るとは、すなわち仕事も収入も減ることを指す。ようは前項でいうところの「土俵から降ろされた」状態。悔しさや不安があって当然の状況だが、親戚でもある前出・内村宏幸氏は当時の内村についてこう証言する。

---

「表向きは、特に変わらなかったです。落ち込んで、酒の量が増えるとかそういうこともなく。時間もできたから、ストイックに舞台を作ったりネタ作りをしたりしていました。印象的だったのは、『来る仕事を一個一個、仕留めていく』という言い方をしたことです」

確かに、〝仕留める〟という語は、柔和な印象の内村の発するものとして意外性がある。これは内村がお笑い芸人になったころから、そして今も変わらぬ彼の姿勢であり、〝一個一個、手を抜かない〟という意味であろうと宏幸氏は推察する。「どんなちっちゃい仕事でも、一個一個で、何かしらの結果を残す」という内村の揺るぐことのない信念の顕れであると。

「結局のところ、ずっと変わらなかったんですよね。**状況が悪くなったからといって今までのやり方を変えることもなく、自分が信じたことをずっとコツコツやり続けて、**それが段々とまた認められて、今に至ったということに尽きると思うんです。自己の芯をブラさない、その姿勢をずっと続けてきているからこそ、人がまた集まってきたのだろうと思います」（宏幸氏）

---

状況が悪くなったからといって、焦って他の分野に手を出したり自分の考えに沿わない仕事を受けたりというような行動は一切とらず、自分のやりたいことや信じていることを黙々とやり続ける。そんな内村の姿を見ていた人が、また一緒にやりましょうと声をかけてくれ、その一個一個を確実に「仕留めていった」ことが、今につながるのではないか。

内村が20代前半の頃から一緒に番組をつくり、『内村プロデュース』をはじめ数々のヒット番組を世に送り出した番組制作会社・ケイマックスの代表取締役社長・工藤浩之氏も言葉を重ねる。工藤氏は内村と一時は同じマンションの上下階に住んでいたという、公私ともに内村をよく知る人物だ。

「頑固だから、元々が（笑）。その頑固さはすごいですよ、昔から。1回、ノーって言ったら、もう絶対どうやってもなかなかひっくり返らない。こちらが〝ああ、もう無理だね〟ってあきらめる。その代わり、イエスになったら、もうとことんやる。絶対にやり遂げる」

---

チームにその確固たる背中を見せていくためには、まずリーダーが自分自身の価値観という「芯」をしっかりと持つことが大事になる。

それには、**あなたは何がしたくて今の仕事をしていて、その中で何を達成することが歓びで、そしてどんなことが許せないのか、その価値観をはっきりと自覚すること。**

たとえば安全な食品で作られた食事を、各家庭で手軽に食べてもらいたいと考え、食品メーカーに就職したリーダーがいるとする。使う食材、保存に必要な添加物、環境にやさしい容器など完璧を目指せば、販売価格の高騰は避けられず、各家庭で手軽に食べて欲しいという希望とは噛み合わない。何を諦めるかは、リーダーの「芯」となる考え方次第だ。もしくは何も諦めずとも実現できる方法が見つかったとして、しかしながらこれまで散々世話になった農家から別の農家に切り替える必要があったとしたら、それでもプロジェクトは進めるべきなのか。自身の行動意義と判断指針が明確でないと、迷路に迷い込む。

また、複数人で仕事をしていれば、局面によってそれぞれの主張が生まれる。経験豊富な中堅格が揃っているほど、各自なりの仕事の進め方のスタイルも形成され、意見が割れることも少なくないだろう。リーダーになったばかりの頃は、その状態に直面するだけで、うろたえてしまうかもしれない。だが、チームにおいて意見の相違が生じるのは至極当然の事態であり、多角的に課題を捉えられている証でもあり、まったく問題ない。**肝心なのは、リーダーがしっかりとブレない「判断」をすることである。**

リーダーの仕事の最も重要なものの一つが、「判断をする」ことなのは間違いない。仕事には絶対的な「正解」がないことの方が多いからこそ、いかなる判断をするかがプロジェクト、事業、会社の成否を握るキーとなる。

その際、リーダーが心せねばならないのは、何があっても揺らがない徹底した「信念」

を持つこと。**リーダーの判断の軸が都度異なると、現場はチームとしての方向性を見失ってしまう。**容易《たやす》く折れ曲がらないからこそ、「芯」と呼べるものになる。**現場が安心して追いかけたくなるリーダーの「背中」が作られる。**

内村のそのブレない姿を追いかけた自身の経験を、内村が原作・脚本・監督・主演を務めた映画『金メダル男』で編集を務めた栗谷川純氏が語ってくれた。

「内村さんが動かないんですね、自分が納得しないと。だから、内村さんを納得させるには、そこにいるスタッフ全員が、プロとして150％の力を向けないといけないんです」

---

リーダーである監督・内村の求める理想がある。予算やスケジュールなどのハードルによって、その理想が当初の想い通りには実現しないと判明したとして、けれど内村の求めるゴールは、ブレないため変わらない。結果、スタッフたちは〝どういうアイデアや手を使ったらその理想に近づく、もしくは理想以上の代替になるか〟ということを、プロとし

て自分たちが知っている限りの知識や経験を総動員し、こうじゃないか、ああじゃないかと提案するようになるのだという。

「内村さんの信念には、私たちも生半可な熱量じゃ応えられない。中途半端には絶対に納得しない方ですから。普通は、どこかで妥協していくものじゃないですか。20も30も歳が離れた若手に頭を下げ、力を借りることも厭わない。あの譲らなさは、ある意味すごい」（栗谷川氏）

内村の中にあるものがブレないからこそ、チーム全員が内村を追いかけるようになる様を象徴するエピソードである。

「ブレずにいること」、これは言うほど簡単なことではない。人は仲間から支持を得られず、批判の声が大きくあがると、耐え切れなくなり、判断を迷ってしまうもの。誰に何を言われても、貫くべきものであるならば、リーダーはその孤独に耐えなければいけない。

**その孤独が、あなたの芯をより強固なものにしていく。**

また信念として掲げるべき本質を取り違え、リーダーが意固地になってしまうケースも散見する。第2章で触れていくが、**内村は頑固だが、他人の意見に非常に素直に耳を傾ける資質がベースにある。**自身がこだわっていることが些細なことなのか見誤らぬよう、自らを省みる姿勢も忘れてはいけない。

## 4 誰よりも一番現場を「楽しむ」

誰よりも一番「汗」をかく内村。

ただ内村の場合は、**「一番汗をかく＝一番辛そう・大変そう」なのではなく、彼自身が誰よりも現場を楽しんでいる**存在であることが、その大きな特徴となる。

コント番組『LIFE!』で共演する俳優・中川大志氏が内村のことを語ってくれたとき、「頑張っている」という表現とセットのように、「楽しんでいる」という表現を使っていたのが印象的であった。

「内村さん自身が常に生み出そうと考えていて、コレでいいと妥協しないですし、いいものを作ることに貪欲です。ひたむきに仕事に向き合っている姿を近くで見ていて、**〝あ、本当に好きなんだな、この仕事〟って周りがすごく感じるんですよ。**本当に楽しんでいる、誰よりも楽しんでいるなって」

同番組の統括プロデューサー・山之口明子氏の証言もこれを裏付ける。

「座長ではあるが、座長然としていないです。むしろみんなで、チームで、コントを楽しんでいるという感じがします。収録が空いて、久しぶりに再開するともうすごく嬉しそうで、誰よりもコントが好きで、純粋に楽しんでいる。そして一番自分が頑張る。無理しているんじゃなくて、〝楽しいから頑張る〟という座長観は、スタジオコントには必要なのかもしれません」

山之口氏は「スタジオコントに必要」と評したが、筆者は、座長に限らず、リーダーの現場における立ち居振る舞いを語る上で欠かせないポイントだと考える。

なぜなら仕事において、**「努力すること」と「楽しむこと」が自己の中でイコールとなったとき、人の成長における〝最高循環〟となるからだ。**「楽しむ」ことができると、人はそのために必要な努力を「努力」と感じなくなる。自身に無理を強いなくても、「楽しい」から続けられるようになる。厭々《いやいや》仕事に取り組むのと、喜んで取り組むのとでは、結果に如実に差がでることは周知の事実だろう。

そして『痛快TV　スカッとジャパン』をはじめ多くの番組でMC内村の仕事ぶりを目の当たりにしているフジテレビ・総合演出の木月洋介氏も言葉を重ねるように、内村が、**この誰よりも頑張ることを「無理しているわけではない」という点を見逃してはいけない。**

「内村さんは人を、チームを、モチベートするんですよね。〝この人が一番頑張っているなぁ〟と自然にみんなが思ってしまう。その頑張りも、無理をしているんではなくて、楽しんで頑張っているから」

---

ここまで本書を読み進めてきた読者のみなさんも、「誰よりも一番汗をかく」「土俵を降

りない」「自らの芯をブラさない」というリーダーシップの意義はきっと理解いただけたことだろう。けれど、ただひたすらにそれらを実践しようとすると、よきリーダーに成長するための努力が〝苦行〟となり、無理が生じてしまう。**日々仕事に追われ、楽しむといわれても「そもそもどう楽しめばいいのか?」と思い悩む読者もいるかもしれない。**

そんな方に、ぜひ実践してほしいのが、**「小さな楽しみを見つける」**こと。これは、今あなたが抱えている〝仕事全体〟を楽しめということではなく、**一つのプロジェクトや業務の中に、チーム全体の大きな目標とは別に、〝自分ならではの目標項目〟を設定し、より小さなサイズでその達成感を楽しむという手法だ。**

ただでさえ予算達成など越えなければならないハードルがあるのに、別の目標も持つことに負担を感じる人もいるかもしれない。けれど、負荷が少なく業務が楽、といった類の楽しさを目指すのではなく、ささやかなもので構わないから、ぜひ進捗の手応えと感じられるような「目標」を見つけてみてほしい。ハーバード大学の「幸福学」研究で訴求されているが、人間の仕事のモチベーションに、進捗を得られたという感情が大きく寄与する「進捗の法則」というものがある。進捗を感じられた時の、気分のよさ、満足感は、「最良の日」を実感する喜びや楽しさにつながる。
チーム全体の売り上げ達成などハードルが高い「目標」ほど、より楽しさを得られることは間違いないが、簡単に実現できることではない。そこだけに意識を集中していては、いくら楽しもうとしても眉間に皺が寄るばかり。もう少し手軽に、こまめに進捗のご褒美を味わえる楽しみを見つけておくやり方だ。たとえば、ここ最近思うような成果をあげられていなかった「部下の成長」にリーダーであるあなたの目標項目を設定し、彼や彼女の伸長率を〝一つの楽しみ〟に設定してみる。はたまた、通常であれば2時間を要する業務を1時間50分で終え、生み出した10分で美味しいコーヒーを一杯飲むことを目標にしてもいい。

**あなたが設定した小さな楽しみから得られる達成感の積み重ねが、やがて仕事全体を楽しめるマインドへとつながる。**

こうして、あなたがリーダーとしての一つ一つの職務を楽しみながら続けていくことが、知らず知らずに、「汗をかく」という姿勢につながっていく。

**大事なのは、この思考とアクションの「順序」を理解することであり、誰よりも楽しんでいるからこそ、自らの心に無理なく、誰よりも汗をかける。**

さらにリーダーが誰よりも一番楽しむことが、チーム員やプロジェクト全体に及ぼす影響についても考えて欲しい。

内村が脚本・主演を務めた舞台のプロデューサーの前出・白石千江男氏は、

「大変だけれど、それ以上に楽しい」

と、内村とまた一緒に舞台を作ることを切望してやまない。

「スタッフにつっこんでくれたり、まるでひとりコントのように自主練する自分を揶揄してみせたり、内村さんが楽しい雰囲気を作ってくれるから、内村さんの舞台は稽古が楽しいんです。性格的にも怒ったりする方ではありませんが、おそらく、稽古をスムーズにいかせたいなら楽しくやることが大事であると、分かっていらっしゃるんだと思います。楽しいから、スタッフたちもみんな、楽しみながら頑張れてしまう」

**部下にしても誰だって、どうせ同じ仕事をするのであれば、楽しんで働きたいのである。**

リーダーが先頭で、誰よりも楽しむ姿を見せることとは、チーム全体の雰囲気を「楽しいもの」に変える力がある。誰もが困難な状況下で奮闘しなければならない仕事に、不平不満を持たず懸命に立ち向かえるほど、強い人間ばかりではない。それでもリーダーが楽しんで笑っていれば、周囲の人間も含めたチームにその空気は伝播し、みなも楽しんで一緒に汗をかくようになる。

だからこそ、本書が目指すべきリーダー像は、**一番汗をかいて「大変そうな人」ではなく、一番汗をかいて「楽しんでいる人」なのである。**

## 5 「背中」を見せる

背中を追う。背負って立つ。背中を押す。というように、この「背中」という語には、その人の生き様や在り方といった意味合いがある。

古くからある「背中を見て学べ」という言葉がまさにそう。師匠は弟子に手取り足取り教えずに、黙ってその背中を見せることで、技術を盗ませ成長を促した。

内村はまさにこの「背中を見せる」タイプのリーダーである。

前述したように、この「背中」というキーワードは、取材の中で多くの関係者に共通して頻出した言葉だ。

---

「口で言うのはいくらでもできるけど、そうではなくて、まずは自分が一生懸命やっている、やり続けている。僕らにも、こうしろとか、ああしたほうがいいとか、基本的にはあまりおっしゃらない。**だから僕は背中を見て、というか、やっている姿を見て、勝手に学ばせてもらってるという感じです**」（前出・中川大志氏）

---

「最後は、自分が引き取るからあとは自由に、みたいなスタンスやから。ああ内村さんこうするんだというのを、まざまざと見せられ、刺激を受ける。背中で見せるんです。昭和の親父じゃないけれど、**言わずに示す、みたいな。何も言わへんのに、いざ見たら、背中が言うてるわ、みたいな**」（前出・塚地武雅氏）

チームを動かすにあたり、この「背中が見えること」は非常に重要だ。

なぜなら、前に立つリーダーの背中がはっきりと見えていると、一つ一つ指示や意見をしなくても、部下や後輩たちはその目で見て自ら学習し、自然とその姿を追いかけるなど、メンバーによる「行動」連鎖が生まれ、チーム全体の意識があがる。

今や国民的番組であり、内村を象徴する番組でもある『世界の果てまでイッテQ！』で総合演出を務める、日本テレビの古立善之氏も滲みだすそれをたびたび感じるという。

「若い人がそれなりに体を張って頑張ったＶＴＲを見ると、やっぱり内村さん自身が、俺もなんかやんなきゃ、みたいな表情や仕草を見せる。そりゃ出演メンバーやスタッフに波及しますよね。それは口ではあんまり言わないんです。**背中で語る、とよくみんなで言うんですけど**」

やはりこの「背中を見せる」内村のやり方は、リーダーたちが習得すべき行動だと思われる。

しかしこの点について執筆中、本書の編集者から異議を唱えられた。〝背中〟はその人そのもの。お笑い芸人として成功し立場を築いている内村だからこそ、その背中を見せることが有効なのであり、大した実績もない一般のリーダーでは真似のしようがなく、説得力に欠けるのではないか、と。

指摘の意味は理解できる。師匠の背中が広く大きいから、弟子は技を盗むことができる。だが筆者は、誰もが問答無用で崇めるような完璧な〝背中〟を見せることが重要だと本項で説きたいのではない。第1項で書き著わしたような、**必死で懸命な汗だらけの〝背中〟を晒すことにこそ意義があるのだと強く訴えたい。そして、その見せるべき背中は作ることができる、のだとも。**

本章の冒頭で、内村を「努力を怠らない人」と評したが、実際、内村は、その努力を陰だけでなく、みなから見える表の場でも臆面なくする。「カッコ悪い姿を見せたくない」というタイプもいるだろうが、その逆、共演者やスタッフの前で、失敗したり、うまくいかず葛藤する様子を晒すことをまったく厭わない。読者の皆さんも、『イッテQ』のチャレンジロケの中で、カメラやスタッフの存在を気にせずに、ひたすらに練習に打ち込み、そして失敗を重ねる内村の姿は印象に残っていることだろう。

ようはここまで紐解いてきた、「誰よりも一番汗をかく」「土俵を降りない」「自らの芯をブラさない」「誰よりも一番現場を楽しむ」という内村の姿勢を、そのまま素直にチームに見せる。

---

「中川大志さんが初めて『LIFE!』収録に参加した時に、内村さんがキャラクターの扮装《ふんそう》でワイヤーで天井から吊り下げられていたんです。座長自らずーっとワイヤーで吊るされっぱなしになって、一番体を張っていることに、すごくびっくりして刺激を受けたそうです。そうやって**誰よりも必死に取り組む様子を背中で見せる。それを見てみんなも頑張ろうってなる。**共演者だけでなく私たちも、内村さんが身をもってここまで一生懸命なので、手が抜けないと感じます。この人のためにいい番組にしないといけないなって。褒められたいと思ったことはないかな、なんだろう、この人に恥をかかせられない、と気が引き締まる感覚があります」（前出・NHK・山之口明子氏）

**これまで述べてきたこれらのリーダーシップこそ、部下や後輩が自ら学び、行動をする**

**ようになる規範となる「リーダーの背中」を形作っていく行為にあたる。**内村の「背中」も、きっとこのような過程を経て、今のような背中になっていったのだろう。

仕事で窮地に立ったとしても、結果、失敗に終わったとしても、逃げずに信念に基づき奔走し続ける日々が、あなたの背中に厚みをつけてくれる。

前出・飯山直樹氏は、内村光良のことを総論として「背中がわかりやすい人」と表現した。

---

「〝背中は勝手に見て、盗むもんだ！〟とか、〝こっちにわからないくらい上手《うま》く盗め！〟とか自分が奮闘する様を表に出したがらない、背中がわかりにくい方もいるでしょう。けれど**内村さんは開けっぴろげ。〝この人はなるほど、こういう人なんだ〟という背中が、ちゃんとみんなにわかる。**すごく頑張ってる背中が、否が応でも目に入ってしまうし、わかりやすい。だからついて行きやすいんだと思います」

飯山氏の話を聞いて、筆者の中で符合したことがある。今回の取材で、多くの関係者があまり時間を置かず、内村の人間性を証言するようなエピソードを次々と語ってくれた。

「内村さんはどんな人だろう……」と悩みふけることなく、誰もが「内村さんは～な人ですね」とすぐ答えてくれたのだ。それは飯山氏が語るように、**内村というリーダーが、実に「背中がわかりやすい人間」であるからだろう。**

本書が目指すリーダー像にとって、「背中が見えること」は非常に重要だ。チームの前に立つリーダーの背中がはっきりと見えてくると、たとえ言葉で語らずとも、その姿を見て、部下たちが自ら学び、考え、行動していく〝自発的チーム〟を生み出すことができる。まさにそれが、「チームを行動させる」リーダーだと考える。

## 「尽くしたくなる」リーダーシップ

今回の取材を通して、多くの関係者の言葉の節々から感じたのは、「内村さんのためなら……」「内村さんに笑ってもらいたいから……」という、**番組や舞台におけるリーダー内村へのチームメンバーの「献身マインド」のようなものが非常に強い**ことだ。

注目すべきは、それが決して「強制的」なものではなく、それぞれが「自発的」に持っているものであることだ。取りも直さず、それは内村自身が、周囲の仲間が「尽くしたくなる」リーダー要素を持っていることを意味する。

多くのリーダー論において、「チームのモチベーション創造」は永遠のテーマであろう。そして組織において、後輩や部下から「尽くしたくなる存在」になることは、このモチベーション創造において〝究極の理想形〟といえる。

この「尽くしたくなる」という言葉には、「支えたくなる」という意味を含んでいる。すなわち、**ここでいう献身性とは、決して上下関係から起こる強制行動ではなく、同じ目線で見て「この人は支えてあげなくては！」という自発行動をいう。**

第1章の後半では、内村の現場における様々な姿勢から、彼がどのようにこの自発的な「献身マインド」という感情をチームの中でつくりだしているか、について解説していきたい。

## 6　肩書きに「上下」をつけない

組織図といえば、三角形のピラミッドの頂点にリーダーがいる図を思い浮かべる人が多いだろう。まさに旧来型、〝支配型リーダーシップ〟を象徴する図になる。1970年になると、アメリカのリーダーシップ研究者・ロバート・グリーンリーフが、ピラミッドをさかさまにした一番下でリーダーが三角形を支えるという〝サーバントリーダーシップ〟を提唱した。リーダーはチームに奉仕することが先決であるという考え方は、変わりゆく時代を捉えた画期的なもの。これにも学ぶべきところはもちろんあるが、一番下とはいえ、そこにはまだ「上下関係」が存在する。

対して内村はリーダーとして、上下に捉われない重力のない世界で自由に軽やかに泳ぎ回っている点で大きく異なる。

周囲の後輩やスタッフが「内村に尽くしたくなる」理由の一つが、**彼が関わる人々の立場や肩書きに、「上下を一切つけない」というスタンスにある。**

内村はたとえ相手が出演者であろうが、プロデューサーであろうが、照明のスタッフだろうが、衣装の助手だろうが、それぞれの存在に全くと言っていいほど「差」をつけない。つけない、というより内村の中にそこに「差」が存在しない。

**「内村さんは、とにかく全てにおいて平等なんです。**たとえばスタッフの助手の子と、プロデューサーの私の間に、全く差をつけない。そういう接し方をする方です」

これは内村が監督した映画『ボクたちの交換日記』でチーフプロデューサーを務めた関西テレビ・重松圭一氏の言葉だ。長時間にわたる映画撮影の場合、連日連夜、現場で忙しく働くスタッフと違い、プロデューサーは時折、顔を出す存在だ。だからこそ来訪した際には気を遣い、意図的に会話の回数を増やす監督や出演者は少なくないのだという。

想像してみてほしい。もしあなたが映画スタッフの一員で、出演者や監督に対して「この人は相手によって態度を変える人だ」と感じたなら、それが業界の常と理解していても決して気持ちがいいものではないだろう。

一方、内村はそういった態度を一切取らず、プロデューサー、ベテランスタッフ、新人スタッフ、誰に対しても全く同じ態度で、普通に会話をするという。

「現場の若い人たちは、内村さんのこのフラットな接し方にまず驚きます。そういう人となりがいつの間にか、〝内村さんの思いに応えたい〟という現場のモチベーションにつながっていると思います」（前出・重松氏）

**翻って、これを一般社会に置き換えて考えてみよう。私たち社会人という生き物は、どうしても「肩書き」に差をつけてしまう。**相手先のクライアントであれば、決定権者である〝キーマン〟に懇意にするし、撮影現場であれば、総指揮である〝監督〟の言葉にもっとも耳を傾ける。アルバイトであっても、新人のアルバイトよりも長年勤めている〝ベテラン〟の意見をより大事にしてしまうだろう。

**それは決して「差別」意識からではなく、私たちはビジネスの目的達成のための効率的なアプローチとして、自然と「差」をつけているのである。**

これが業務を最短距離で進めんとする際に直面する現実ともいえる。ゆえに、いくら「肩書きに上下をつけない姿勢が、チームメンバーのモチベーションを上げ、あなたに尽くしたくなるのだ！」と筆者が大見得を切ったところで、多くの責務を負うリーダーがおいそれと実践できないことは、重々承知している。

ただし、これは「内村だからできる」ことでもないのも事実。要は、その意識を持つか、持たないか、でしかない。そこで、この姿勢を習得するにあたり重要な〝意識づくり〟について考えたい。

着目しておきたいのが、**内村がどの立場や肩書きの人も、「目的達成のためにそれぞれの役割を担う平等な構成員」と捉えている点。**

例えば、バラエティ番組であれば、彼は「ＭＣ」という一つの役割を担う構成員。そして照明スタッフは、その番組において「照明」という役割を担う構成員。そこに上下関係はなく、互いに「番組制作」という一つの目的達成に向かっている〝一構成員〟同士であるという考え。

それは自身に対しても同じ。『ＬＩＦＥ！』で総合演出を担当する西川毅氏曰く、内村は、

「上下関係みたいなもの、例えば自分を持ち上げてくれとか、丁寧に扱って欲しいと

か、敬って欲しいとか、一切、人に求めない」

そうだ。つまり、内村は自分自身のことも、仕事という現場における一要素と捉えている。それゆえ、そもそも自身も他者も肩書きに上下がない。

あなたがリーダーという立場であっても、クライアントという立場であっても、それは**その瞬間にあなたがチームにおける一構成員として担っている単なる「一つの役割」であり、相手も相手で別の役割を担っているに過ぎない。**正社員だろうが、契約社員、派遣社員であろうが、「役割」に違いはあれど、それ以外の区別はそこに必要ない。

そのような意識を持つことで、リーダーが陥りがちな「私がいないと成り立たないのだ」「私の方が彼らよりも偉いのだ」という〝驕《おご》り〟を消し去ることができる。自分も他のメンバーも異なる役割を担う以上、それぞれが必要で大切なのだという基本に立ち返れば、自らの肩書きに対する過度な自信や傲慢さは排除される。それに伴い、**チームの中で果たすべきそれぞれの役割に尽力してくれるすべての立場の人々に対して、「感謝」と「リスペクト」の精神**が芽生えていく。

この「リスペクトの精神」を自身の根底に育てることが、チームを動かすリーダーにとって最も重要と考える。

さらに、先の重松氏はこの「肩書きに上下をつけないスタンス」は、現場における〝上の人間〟にも影響を与えているという。

「内村さんにとってはみんなが同じ立ち位置だから、**僕も僕でしっかり自分の存在意義を生み出していかなくちゃいけない、と思うようになりました。**助手のスタッフとチーフプロデューサーである私に優劣はない以上、『それでチーフプロデューサーなの？』とならないよう頑張らなければいけないと〝背筋が伸びる〟感覚になります」

**「肩書きに上下をつけない」ことは、「下」に扱われてしまう側にとってのモチベーション醸成になるとは捉えていたが、実は「上」に扱われるはずだった側にも好影響を及ぼしている。**

例えば、池井戸潤氏原作のドラマ『半沢直樹』の中でも、銀行の重役たちが出世のために肩書きの上下の中で右往左往する一方で、組織のトップである「頭取」は実にフラットな人間。彼は、他の重鎮の役員と差をつけることなく、半沢の言葉にもしっかりと耳を傾ける。誰かの発言に対して、ポジションによる発言の重要さに「差」をつけていない。このドラマが、日々、肩書きによる態度の差を目の当たりにしている日本全国の会社員たちから圧倒的支持を得た要因は、こういうところにもあるのではないだろうか。

重役たちはさぞおもしろくないだろうが、「ただトップを敬っている」「立場なりに振舞う」だけではそのポジションは保たれないというリーダーからの強いメッセージとも受け取れる。だから組織において〝偉い側の人間〟も、そのポジションに甘んじることなく、立場に見合っただけの「信頼を得る」ために、若手社員以上の貢献を果たさんと、懸命に励むようになる。

このように、**内村の肩書きに上下をつけないスタンスは、部下や後輩にとっては「モチベーション」となり、上のポジションの人間たちにとっては「良きプレッシャー」となる。**そしてその結果、両者がともにチームのために「動いてしまう」のである。

## 7 「肩書き外」のことを当たり前にやる

相手の立場や肩書きに上下をつけないゆえに、内村は自分自身の立場にも固執することなく、「肩書き外のこと」も平然とやってしまう。この何気ないリーダーの行動は、**チームにおける大きなモチベーション創出の呼び水となる。**

そんな内村の一面を象徴する、あるエピソードがある。

2006年公開の内村の初監督にして主演映画『ピーナッツ』の撮影時のこと。野球場での撮影を予定していたが、前日からの雨天の影響で野球場スタッフによるグラウンド整備待ちの時間があった。整備が終わるまで撮影が出来ないため、共演者や撮影スタッフの休憩時間になったそうだ。しかし、ふと気が付くと内村の姿が見あたらない。「内村さんがいない」と騒いでいると、なんと内村は野球場スタッフと一緒にグラウンド整備をしていたという。その内村の姿を見た出演者・撮影スタッフは総出となり、関係者全員が作業に加わった。

実際には撮影現場のコンディションを整備するチームは別に存在しており、作品における「監督・主演」というポジションである内村は、通常であれば〝それ〟をする役回りではない。にもかかわらず、気づけば彼は一人混じってグラウンド整備をしていた。

「私はその場にいたわけではなく、出演者の一人からこの話を聞きましたが、非常にウッチャンらしいと思いました。そういう人なんですよ。みんなでやらないか、って言うんじゃなくて、黙って一人でやるんですよね。一番上のリーダーがせっせとグラウンドの整備をしていたら、俺たちもやらなきゃ、ってなりますよね」

こう語るのは、内村が20代の頃から長年にわたりヘアメイクを担当している大の木ひで氏。

同じく現場にいた出演者の一人からこの話を聞いたという、前出・ウド鈴木氏はこう補足する。

「なぜ最初からチームみんなに声掛けしなかったのか？　う〜ん、おそらく内村さんは、ハードな撮影続きで疲れが溜まっているみんなには休んでもらいたい、でも少しでも早く撮影を再開したい、ということで、自分一人でやったんだと思います」

このエピソード自体は決して大きなことではないが、**たとえ自分がどんな立場であっても、自身の「肩書き」に囚われず、その時必要なことを自然にできるか、という姿勢がリーダーには問われる。**そこにあるのは、「チームとして、より良い仕事をするために、自分が出来ることをやる」という極めてシンプルな行動理由ではないだろうか。

**人は肩書きという「ラベル」が付けられると、「肩書き外」のことを自分の責務だと思えなくなる。**ある人に「新人」というラベルが付いていれば、雑務も重要な責務の一つであると暗黙のうちに捉えるが、「社長」というラベルが付いていればそうではないだろう。

しかし前述のように、内村は「肩書き外」のことを当たり前にやる。**他人の立場やポジションにニュートラルであるがゆえに、自分自身の立場も「変更可能」なニュートラルなものにできている。**

例えば、クライアントに向けたプレゼンの戦略を組み立て、周囲の部下に指示を出している上司がいる。そんな彼が、コピー用紙の補充や休憩時のコーヒー出しを特に何も言わずにしてくれていたら、そんな姿を見た周りの部下や後輩はどう思うだろうか。大会議室での会議終わり、机や椅子の位置をもとに戻す作業をリーダーが率先してやってくれていたらどう感じるだろうか。世間一般では若手社員に任せてもいいようなことを、自ら進んでやっている姿は、たとえ一つ一つは小さなことであっても、それが当たり前のことであっても、その積み重ねがリーダーへの好意を生み出す。

このように「リーダー」という存在がその肩書き外のことを当たり前のようにやる姿勢は、部下や後輩が「尽くしたくなる」動機となる。

そして当然、リーダーのこの姿勢は周囲の人間にも影響をもたらす。

---

「内村さんを見ていると、自分に何ができるかをいつも考えさせられます。片手に荷物を持っていたとしても、もう片手は空いているんだったら、その片手でできることがあるんではないかと」（前出・大の木氏）

ヘアメイクとして呼ばれていたら、ヘアメイク以外のことまでしようと思わない人の方が多いかもしれない。けれど、ゴミが落ちていたら拾い、雨が降り撮影機材を移動させる必要があるなら手伝う――内村の周りには、そういった**「肩書きの越境」を嫌がらない人間が自ずと増えていくのだという。**

これこそまさに、リーダーの誰しもが喉から手が出るほど欲する〝各自が考動するチーム〟ではないだろうか。

**また「肩書きの越境」が当たり前になれば、組織における「上下関係」だけではなく、担当領域などの「横関係」においてもいい影響**を及ぼせると筆者は考える。

もしあなたが会社において、販売商品のWEBマーケティング領域を担うチームに配属されたとする。すると目の前の業務をこなしていく中で、収集する情報や意見する内容は、知らず知らずのうちにWEB領域の責務内のことに限られていってしまう。そして、それ以外の領域については、どこか〝他人事〟になりがち。

しかし、当然ながら会社という組織の大目標は「販売売り上げの拡大」。WEBという「肩書き外のこと」、たとえば売り上げの拡大につながる商品開発のネタ集めや競合分析も含めて、本当は〝そのすべて〟があなたの責務である。

部署や部門といった担当領域を超えた、真の目標を意識下に持ち、各自が考動していくためには、**組織の中にいる人間こそ、自身の「肩書き」をニュートラルにすることが望まれる。**

## 8 「先頭」にだけ立たない

前2項で述べたように、内村は「肩書き」に囚われていない人間である。それゆえに、**一つのものづくりの現場において、彼は決してチームの「先頭」にだけ立たず、様々なポジションの位置に「移動」してくる。**

ある関係者は「内村さんは本当に全てを見ている」と言う。ここで言う「全てを見る」とは、**内村が「自分の領域の内か外か」という〝なわばり意識〟をとくに持たず、関わる様々なことに興味を持つことを意味している。**

舞台の座長やテレビ番組のMCとして現場を盛り上げ、その「先頭」に立っていると思いきや、演出家に対して、出演者としてではなく同じ作り手目線で演出のあれこれを相談したり、また自分の役割とは直接関係のない美術や照明のスタッフの作業まで、スタジオの隅からつぶさに観察したりしているらしい。

**「チームにおいて、内村さんはリーダーとしてもちろん先頭にもいる。でも、時に一番後ろにもいたり、僕らの真横にいたりするんです。**現場では普通、演者はスタッフが呼ぶまで楽屋にいるものですが、内村さんは舞台が出来上がっていなくても出てきて、現場が準備しているのをじっと確認しているんですよ。座長として演じる立場であっても、現場の前から後ろまでをしっかり見ていて、把握しようとしているんです」（前出・飯山氏）

このように内村はある一つの現場において、表舞台から裏方の部分に至るまで、実にいろいろなポジションに移動してきて、そしてしっかりと関わってくる。

NHK・コント番組『LIFE!』の総合演出・西川毅氏によると、コントづくりの現場においても内村は、**「先頭」に立つ者としてコントで軸を取るボケ役となり鋭いスパイクも打つが、誰かの笑いのためのトスを上げる役回りにつくことも全く厭わないそう。**

「主要な役を演じるだけでなく、軽い役も、セリフが一言だけの役も普通にされます。まだ新人と言えるレベルの若手のために振り役に回ったり、色々な役目を負ってくださいます」

コントは〝振り〟があるから〝オチ〟が効いて大きな笑いにつながる。素人目には〝振り〟よりも〝オチ〟を担う出演者がわかりやすくおもしろく見え、美味《おい》しい役回りになりがちだったりする。けれど〝振り〟のトスがうまく上がらなければ、そもそものコントがおもしろいものにならない。圧倒的なエースアタッカーの内村だが、試合によっては内村がトスを上げる立ち位置につくことで、番組立ち上げ当初など、コント歴でいえばまだ若手にあたる星野源氏やムロツヨシ氏が絶好のスパイクを決める場を創出していた。結果、二人のコントは人気を博し、『ＬＩＦＥ！』は瞬く間にスターだらけのヒット番組へと成長していった。

内村がトスを厭わない姿勢は別の影響も与えた。コントが献身性で成り立つことを座長自らが示したことで、チームワークが向上したと西川氏はその意義を捉えている。

**組織においてリーダーというものは、「先頭に立つ者」とされる。**しかし一番前に立つだけではなく、ときにメンバーと同じ目線で真横にいてくれる。そして気づけば、今度は後ろの方までしっかり見てくれている。そんなリーダーが現場にいたらどうであろうか。

例えば、リーダーたる者は、チームや企業が見据えるべき大きな方針や戦略を立てるべき。それが組織から求められている責務だ。

一方で「先頭にだけ立たない」リーダーは、ときに小さな商品ＰＯＰのコピー文言を若手に混じって必死で考えたり、チームの打ち合わせを活性化するために、マーケティングの参考となるような事例ネタをネットから探したりする作業も、当たり前のようにやる。

「内村さんと仕事をしていると、**『一緒に作っている』という感覚を強く持つんです。**一人だけですごく先を行く人ではなく、一緒に歩いて行く感じの人。それがチーム感になるんだと思うんですが、いつも近くに感じられるんです」（前出・飯山氏）

リーダーが先導者として範を示しチームを牽引していくだけでなく、ときに伴走者としてみんなに寄り添い、一緒に汗をかく。そんなチームには、どの工程にもリーダーが目配りしてくれている安心感があるだろう。と、同時に、プロジェクト細部の進行の滞りをも看過しないリーダーに対する、「手が抜けない」「気が抜けない」といった程よい緊張感もスタッフ間に醸成されるのではないか。

**もっとも、リーダーが様々なポジションの位置に「移動」するスタイルは、ともすれば生産性を下げる行為のようにも思える。**

リーダーはリーダーとしての役割をまっとうすることを最優先すべき。現場は現場の役割に任せ、各自が役割分担に徹したほうが効率的であるとの考えだ。たしかに一理ある。

しかし筆者はこう考える。一つの現場やプロジェクトにおいて、**あらゆるポジションに寄り添ってきてくれる〝内村スタイル〟の方が、よりともに働くチームメンバーに大きな信頼感を与え、そのリーダーに「尽くしたくなる」原動力を生む、と。**

女優の木村多江氏もこう言って頷く。

「誤解を恐れずに言うと、内村さんってリーダーという感じはしないんです。それは、いつも〝並んでる〟からだと思うんです。なんと言うか……本来、高いところにいるはずの内村さんが、私たちのところに降りてきて並んでくれる感覚なんですよね。役者に対してだけじゃなく、スタッフのところにも並んで、一緒に戦おうと言ってくれる人。ならば一緒に戦いましょう！となりますよね」

このように、あらゆる位置にいてくれるリーダーの姿勢が、チームメンバーの中にリーダーに対する自発的な〝献身マインド〟を生み出す。**この強制的には育てることのできないチームマインドこそが、本書が解明しようとしている、従来の管理・統制型のリーダーでは成し得ない、「チーム生産性の最大化」**につながるのである。

# 9 成果の先の「果実」を意識しない

内村が「尽くしたくなる」リーダーである理由について、前出の『イッテQ!』総合演出・古立氏がこんなヒントをくれた。

**「内村さんは、ある番組が人気になったり、視聴率がよかったり、そういった成果から生まれる〝果実〟を『自分が持ってやる』という気持ちが一切ない人です。**自分がMCを務める番組が大成功したとして、その成功を自分の芸歴や収入、評価などといったものに、還元したいとか、してほしい気持ちがまったくないんだと思うんです。単純に番組に関わっている大勢の人たちと、よりおもしろい番組をつくろうという以外には、興味がない」

この「(成果から生まれる)果実」という言葉は、内村のリーダー像を紐解くヒントに見受けられる。

ビジネスである以上、売り上げ・予算といった「数字」にこだわるのは当然のこと。達成できなければ、給料や会社の存続にも甚大な影響を与えていく。内村も古立氏も推して知るべし、視聴率という シビアな「数字」に日々、向き合っている。これらの数字はリーダーやチームが目標とすべき、重要な「成果」といえる。

だが往々にして、**私たち社会人は、その「成果」の先にある「果実」というものを意識してしまう生き物だ。その仕事で成果をあげた暁には、それがどう自分に還元されるのかをどこかで意識してしまう。**むしろそれが働くモチベーションであるという人も少なくないだろう。

あながち悪いことでもない。リーダーから発せられる上昇への強い欲求が、チームを引っ張っていくエネルギーとなりえる側面もある。出世、お金、名誉は、分かりやすく誰しもの欲を刺激する甘い「果実」だ。

しかし、**リーダーが（内面に抱えるかどうかは別として）「果実を狩ってやろう」という姿勢を強く外に出してしまうことは、チームモチベーションを高めるという点においては避けるべき行為ではないか。**

たとえばあるチームリーダーが、「今期の売り上げを達成して、俺は部長になるんだ！」と口癖のように言っていたら、その部下たちはどう感じるだろうか。**「チームで達成する**

**目標＝上司の野望」とイコールで映ってしまうことは、部下たちに「え、俺たち、上司の出世のために働いているんだったっけ？」という歪んだ感情をもたらしかねない。**もしも別にこの上司の出世に興味はない、はたまたこの上司なんか絶対に出世させたくないと感じたならば、その業務自体への興味まで失われ、チームモチベーションにおいて大きくマイナスに作用してしまう。

一方、内村の〝無欲なスタンス〟は事実、関わっていくチームにいい循環を生み出している。古立氏曰く、内村と一緒に番組づくりをしていると、関係者がみな「純粋でいられる」のだという。

「内村さんが俗物じゃないからですよね。僕たちはどこか内村さんを笑わせたかったり、喜ばせたくて単純に〝おもしろいことをしよう〟というシンプルな動機で働いていられる気がします」

広辞苑で「俗物」をひくと、「名誉や利益にとらわれてばかりいるつまらない人物」とある。内村の行動原理は、お金儲けや名声にはなく、シンプルに、「おもしろいことをしたい」「視聴者に笑ってほしい」ただそれだけ。これは古立氏に限らず、今回取材に協力いただいた関係者がおしなべて口にしていたことである。

「内村さんがそういう姿勢だから、現場の空気も自然とそうなるし、引いてはスタッフの純粋なやる気をも引き出しているというか」(古立氏)

ここで重要なのは、古立氏が述べているように、**内村の周りのスタッフや関係者は「内村が目指す番組づくり」のために働いているが、決して「内村の目的や出世」のために働いているのではない、という感覚をみなが持っている点にある。**

すなわち、〝果実〟に該当する内村個人が手に入れたい野望をみんなで助けているわけではなく、内村の人柄に惹かれながら、「お茶の間の人に笑ってほしい」という内村の目指す番組づくりを、それぞれのスタッフが「共有目的」として捉えて、取り組んでいる。

こうした**「共有目的」でつながれたチームは自ずと、チーム員もおのおののつまらぬ欲を持ち出そうとしなくなる。**目の前の業務の成功に集中することができる。そのような空気をつくり出せている要因はやはり、成果の先にある栄光や賞賛といった「果実を狩ろうとしていない」、内村のリーダーシップが大きい。

リーダーになる人間は、周囲と比べて「向上心」が相対的に強い傾向にあるといえるかもしれない。その向上心を否定したいのではない。ここで訴えたいのは、**自我に芽生えるその向上心の向く方向を「自己目的」ではなく、チーム全員のモチベーションと一致する「共有目的」に向けることが大切であるということ。**

すなわちリーダーが、**「目標売り上げを達成して、最年少部長になるのだ！」と訴えるのではなく、「目標売り上げを達成して、このチームにビッグプロジェクトを任せてもらうんだ！」と掲げるのが、チームみんなが一つになれる共有目的**となる。

リーダーは自分自身の野望や私欲のためにチームを動かしているわけではない。このプロジェクト自体が達成すべき、やりがいのあるものなのだから、必死であり懸命なのだ。それが周囲にも滲み出て伝わるからこそ、チームに疑いなく純粋にそのリーダーをサポートしようという想いが芽生える。そしてそのようなマインドが根付くチームは、より大きなパフォーマンスを生み出していく。

## 「野望ではなく、人としての在り方で惹きつける」

これが、内村が実践しているリーダーシップが生み出す、〝究極のチームづくり〟といえよう。

# 第2章

# チームマネジメント

# 「パフォーマンスを発揮する」チームマネジメント

第1章は「リーダーシップ」をテーマに、内村光良という人間性から「背中を見せるリーダーシップ」「尽くしたくなるリーダーシップ」についてそれぞれ言及した。

その中では、リーダーの姿勢や振る舞い方により、部下や後輩がその背中を追うようになったり、リーダーに尽くしたくなるようになったりすることなど、あなたが「人を動かすリーダー」になるための要素に触れた。

続く「チームマネジメント」という観点においても、内村の仕事へのスタンスにはたくさんのヒントが隠れている。

チームをいかにまとめ動かしていくかは、いつの時代もリーダーに共通する課題だろう。

年齢や経歴、それまでの人生等を異にするチーム員たちは、それぞれにこだわりも仕事への想いも別様であり、とりわけ40代以上のリーダーからは、若い世代へのアプローチに迷うという声も耳にする。

無意識的なアクションも含めて、内村は後輩芸人やスタッフの潜在力を引き出す能力がとても高い。その結果、「現場パフォーマンス」は自分たちの想像を超えるものになるのだ。それは前述の彼のリーダーシップ性とともに、周囲へのマネジメントアプローチにもあると筆者は考える。

そこで第2章の前半では「チームマネジメント」の視点から、内村がどのように現場のパフォーマンスを引き出し、向上させているのか、について分析していきたい。

## 10 「緊張」をさせない

これも内村のことを知る多くの関係者が証言していることだが、**内村は周囲に「緊張をさせない人」である。**そして、この緊張をさせないというマネジメント法は、「パフォーマンスを発揮させる」チームづくりにおける、〝はじめの一歩〟であると筆者は考える。

「大御所」という存在になってしまうと、（本人の意思は別として）周囲が気軽には話しかけづらい空気を持つもの。しかし内村は、そういった緊張感を一切まとっていない。だから後輩やスタッフでも気さくに内村に話しかけられるし、こちらが過敏に顔色をうかがう必要がない。これは内村がつくり出している声を掛けやすい「空気感」によるものだといえるだろう。

「例えばエレベーターでたまたま一緒に乗りあわせても、気を遣ったりしなくていい。次のエレベーターに乗ったほうがいいかな、と遠慮しなくてもいい。それどころか

〝元気ですか？〟としゃべりかけてしまえるんです」（前出・飯山氏）

内村の持つ独特の空気感について、多くの関係者が同様の証言をしている。
また日本テレビ『スクール革命！』の演出を務める黒川高氏は、収録の合間にあったあるエピソードを教えてくれた。いつものように内村含め出演者が、出番前に控室にいたところ、お笑い芸人のガンバレルーヤの二人が急にひょこっと顔を出した。当日二人に『スクール革命！』の出演予定はなく、たまたま別番組の収録で同局を訪れていた二人が控室の扉に貼られた『スクール革命！』の文字に気づき、「あ、内村お父さんいるかも」と顔を出したのだという。

「大先輩の現場をひょっこり見にくるなんて、普通はないです。普通はありえないことですよ（笑）。でも二人は〝内村さんに会えるかも〟と思ってフラッと来ちゃうんです。内村さんはそういう、受け入れてくれそうな空気があるんですよね」

**この「緊張をさせない」空気づくりは、内村が自然と実践している「パフォーマンスを**

**発揮するチーム」の根幹となっている要素だ。**

**チーム運営において、緊張がマイナスに作用すると、「委縮」や「忖度《そんたく》」を引き起こしてしまう。**

次項で言及する「自由に放牧する」というキーワードにもつながることではあるが、個々の力を100%引き出すためには、0から100までのことを自由に発言・披露できる空気感をチーム内につくることがまず重要だからである。

例えば、会社のミーティング一つをとっても、部下が「本当はこう思っていたけど、雰囲気的に話せなかった」という状況を作らないことが大切。高い能力を持った部下がいても、意見を述べることをためらわせてしまえば、いないのと同然である。チームパフォーマンスの最大化どころか、チーム組成している意味すらなくなる。

さらに、各企業において「リモート会議」が定着してきているが、しゃべるメンバーが限られてくるリモート会議下では部下は自由に発言・意見することがより難しい環境となっており、その萎縮度が高まってしまっていることも現代のリーダー陣は念頭に置くべきだろう。

「他の先輩の前では委縮する若手も、内村さんの前では委縮しない、させていないいんじゃないですか」（前出・塚地武雅氏）

リーダーがその立ち居振る舞いで周囲に緊張感という「圧」を与えてしまうことは、発想と共有の可能性を下げてしまいかねない。

また、古くより「報告・連絡・相談」は会社員の鉄則として教えられる。しかし話しかけるだけで常に緊張がよぎる上司に対して、まめな報告をしたいと考えるだろうか。最少回数にするだろう。それはリーダーであるあなたにとって、紛れもなくリスクであり、避けるべき事態でしかない。

そして、もしあなたがリーダーという立場なら、肝に銘じておかなければならないことがある。それは、**あなたがリーダーという時点で、相手はあなたに何らかの緊張を覚えてしまうという事実。**

俳優・中川大志氏も、初めて内村に会った際は、大緊張していたという。

「でもお会いしたら、物腰が柔らかくて、腰が低い。同級生のお父さん……すごく優しい友達のパパみたいな感覚で。僕らみたいな若手にも緊張させないというか、気を遣わせない。だからこそ、周りがのびのびとやれるんです」

**年齢や性別、肩書きなどの「立場の差」があればあるほど、相手が抱く緊張はより大きくなってしまう。**振りかざそうが振りかざすまいが、リーダーは人事権、査定権、判断権といった「権力」を持つ。そしてリーダーが優秀であれば余計に、下手《へた》なことをして能力がないと思われたくなくて、現場は本能的に緊張を感じてしまうもの。この無意識的な緊張は、「より高いパフォーマンスを発揮する」チームづくりにおいて障害でしかない。

だからこそ、あなたをサポートしてくれるチームメンバーの心の中には、常に「緊張」という不可抗力的な意識が生まれていることを〝前提〟として理解し、**それをリーダー自身の空気づくりで「取り除いていく」ことが重要だ。**

この、周囲を緊張させないためのリーダーの具体的なアクションプランは、この後に説明するチームマネジメント方法、そしてリーダーのパーソナリティ像について解説する第

4章で触れていきたい。

# 11 「自由に放牧」する

**内村の現場はとにかく「自由」だ。**番組やコントの舞台など内村が仕切る各現場は、若手芸人も大御所の存在に臆することなく、好きなようにボケたりしゃべったりすることができる。そういう空気を内村自身がつくりだしている。

**この内村のチームマネジメント方法が、「管理型」か「放牧型」かで問われると、完全に後者。**しかもそこに牧場を囲う〝柵〟があるのかもわからないくらいに自由だ。

**この「チームを自由に放牧する」というマネジメントアプローチは、前項で述べた「チームを緊張させない」という環境づくりがベースとなっている。**

前項でも述べたが、いくら上司に「自由にやっていいよ」と言われても、同時にプレッシャーを与えられては、部下はのびのびとパフォーマンスすることはできないだろう。
日本テレビ『イッテQ』の古立氏とフジテレビ『スカッとジャパン』の木月氏。くしくもそれぞれのテレビ局で内村の番組を演出する二人が、その仕切りスタイルについて同じことを語っている。

---

「内村さんがMCの時は、みんなが自由にしゃべれる。上手に落とせなかったらどうしようなどと迷い、若手が前に出られないということがない。そこまで話が煮詰まっていなくても、しゃべりたかったらしゃべればいい。それは内村さんの包容力なんです。現場の空気が壊れるとか、積み上げてきた話の流れを読まなければ、みたいなことを気にしなくていい」（古立氏）
「内村さんの仕切りには〝圧〟がないんですよね。内村さんはコメントを振るにも急に懐に切り込んだりしないので、若い出演者の人も緊張しないで自由にのびのびできるんだと思います」（木月氏）

「包容力」「自由」「のびのび」といったキーワードが出てくるように、内村は後輩芸人や若手のキャストをとにかく放牧する。そこに内村的なお笑いのルールや規制はなく、**とにかく「本人らしくやらせる」という手法を取っている。**他人にあれこれ指示をしたり、意見をしたりしない、実に内村らしいスタイルだといえる。

「プレッシャーを与える」「管理的支配をする」というマネジメントアプローチが〝否〟とされる現代社会において、内村の「緊張をさせない」「自由に放牧する」スタイルは、実に〝令和的なアプローチ〟である。管理と指導の下で、半ば強制的にチームの力を発揮させるのが昭和・平成的なマネジメント論であるとすれば、**働き方改革以降の令和的なマネジメント論は、関わるチームメンバーの持つ〝潜在的な力〟を湧き起こすことがポイントといえよう。**

しかし、ここで読者の方も疑問に思うかもしれない。**部下を「自由にさせる」というアプローチは、チームとして「成果を生み出せないリスク」を同時にはらんでいる。**

会社で言えば、部下に新しい商品のマーケティング戦略を好き勝手にやらせてみたものの、まるで成果があがっていなかったとか、任せていた仕事を確認したら全く見当違いの作業を進めていて納期に間に合わなくなった、などの悲劇が目に浮かぶ。

通常、リーダーはチームが目標とすべき成果を生み出すために、部下のパフォーマンスを逐一管理・統率する。すなわち、〝リーダーによる統制〟があるからそこに成果が想定できるのであって、「チームをただ自由にさせる」ことは実はリスキーなのだ。

だがしかし、現場の若手を自由にさせる内村の仕切りスタイルから事実、多くの人気番組が生まれたり、芸能界で活躍するスターを数多く輩出したり、その**内村の放牧型アプローチは同時に「成果」をともなっている。**

それを可能にしているのが、**「放牧することで、各自の自主性を育てる」というチームマネジメント方式。**

結局のところ、チーム員は自分で失敗を経験しなければ、成長しない。若手が手痛いミスをしないようリーダーが管理し手を打つことは、短期間的に見れば成果もあげやすいかもしれない。だが長期的に見ると、**自身の頭で考え行動するチーム員を育てる機会を損失し、永遠にリーダーが管理し続ける構造を生み出してしまう。**

その点、内村の周囲には、強い自主性を持った一流の人材が揃っている。

「4年間、『LIFE!』をやって、コントや芝居ややり方で、内村さんから何かを言われたってことはほとんどないんです。だけど、内村さんがメイクや衣装といった役作りだったり、現場で色んな方向から考えつくされている姿を見て、そこまでやらなければいけないんだと、自分ももっと他のアプローチがあるんじゃないかと、疑い続けるようになりました」（前出・中川大志氏）

---

「内村さんから"これやれよ"とは言われない。それが結果的に良い方向に働き、みんな奮起していくんだと思います。押し付けじゃないんで。そうそう、映画やCMなど内村さんの仕事で自分に声が掛からないものもあります。すると、専門外だから当たり前なのに、どこか悔しいんですよ（笑）。だけど、なんで呼んでくれなかったんですか、なんてダサいことを内村さんの前でやりたくない。そこまでうぬぼれてないですから。だからこそ、いつだって内村さんに必要とされる人材でいたいと、頑張っちゃうのかもしれない」（前出・飯山氏）

---

「管理型」は自身が現場で優秀な人材だった人こそ陥りやすい方式であり、せっかくのチ

ームのポテンシャルを生かしきれず、リーダーが息切れする構造を生みかねないだけに、ぜひこの内村の「放牧型マネジメント」を習得していただきたい。

**もしあなたが「チームを育てたい」と欲するリーダーであるならば、まず必要なのは、「放牧する勇気」だ。**放牧された環境でそれぞれがまず試行錯誤することが、将来の強いチームを作るための礎となる。

そしてこの「自由に放牧する勇気」に欠かせないのが、その裏にあるもう一つのリーダーシップ性なのだが、その点については次項・次々項で解き明かしていきたい。

## 12 少し向こうに「旗」を立てる

「内村さんはチームが目指すべき目標を初期設定する、その『旗の立て方』がうまいように思う」

と語るのは、『そろそろ　にちようチャップリン』『緊急SOS！　池の水ぜんぶ抜く大作戦』『モヤモヤさまぁ～ず』など数々の大ヒット番組を手掛ける、テレビ東京・伊藤隆行プロデューサー。

言わずもがな、プロデューサーは番組におけるリーダー。伊藤氏はその大きな役割の一つが「環境をつくる」ことだと考えているという。プロデュースとは、予算や内容に対することよりも、いかに関係する人々をうまく機能させるか、スタッフ・出演者を含めた「人全体の環境づくり」に尽きるのだと。まさにチームマネジメント視点といえる。だから自らも、その**最初のセッティングを重視しており、これが8割がた、その番組の運命を握っていると心して取り組んでいるのだそう。**

「それを決めた時点、**ようはスタッフをチョイスした時点、演者さんも巻き込んだ時点で、自分の責任なんですよ。**その環境をつくることがプロデューサーの一番大事な仕事で、選んだならば、その人のことを生かさなきゃいけないし、食っていってもらわなきゃいけない。番組をうまく回していくことも仕事ではあるんですけれども、内容に対してどうこう言うよりも、そもそも内容をしっかり作っていけるスタッフを選ぶことの方が大事なんですよね」

内村は演者でありプロデューサーではないため、その立ち位置は異なるものの、伊藤氏は内村の中に、この「プロデューサー脳」を感じるという。

「収録前の打ち合わせだったり、収録後の楽屋での反省会が、とにかく短いんです。それはそもそも入り口で、この番組で重要なのはここだよね、**この企画を成立させるには大事なのはこれだよね、というポイントをきちんと初期設定しているからではないかと。**やりながらまずいことがあれば、それはおっしゃるはずです。でも『ん？』っていうことが、まず、ない。内村さんとの仕事は揉めないんです。初期設定がうまくいかず揉めるくらいなら、ハナからやらないと決めているんじゃないかとさえ憶測してしまいます」

前項、「『自由に放牧』する」ことを可能にしている秘訣が、ここにある。放牧における最大のリスクは、プロジェクトにおける重要課題であったり、リーダーが意図する骨子であったりが、部下や後輩に明確に共有されず、その自由さをいいことに、三々五々に活動してしまい、「成果」に結びつかずとっ散らかってしまうこと。

そうなっては、チームパフォーマンスを発揮するためのせっかくの「自由な放牧」も破綻してしまう。すなわち、**部下や後輩たちを自由に動き回らせながらも、「この範囲を活動域とする」という、正解の範囲を指し示す「旗」をきっちり立てておくことが不可欠だ。**

その際、旗を乱立させては、旗として機能しない。最初のセッティングはグッと絞り込み、「本当に重要なことだけを部下や後輩たちに提示する」ことも鉄則。**初期設定が絞り込まれているほど、複数いるチーム員各自の解釈によって生じる誤差・バグを減らすことができ、チームとして産出できるパフォーマンスが拡大する。**

さらに、その「旗」を立てるにあたり、内村はチームメンバーそれぞれが頑張らないと手が届かないような、少し向こうに目標の旗を立てる。

この**「少し向こうに」**という部分がポイントとなる。

**人を動かすリーダーたちは、チーム員が頑張れば越えられそうな〝絶妙な高さ〟にハードルを設定することが上手い。**

制作会社・SLUSH-PILE.代表取締役の片山勝三氏も、

「内村さんのハードルが高いから、しんどいですよ、スタッフめっちゃしんどいです、共演者もしんどいです。次なんか言ってきたら、もう断ろうと。さすがに無理や、断ろうと毎回思うんですけど、内村さんが跳ばしてくれるのか、ギリギリ跳べちゃうんですよね。だからまた言われたら、いいっすねって口をついてしまう」

と笑う。

少し向こうに「旗」を立てることで、チームの全員が共通目標を持てる状態にできる。するとたとえリーダーが仔細に指示を出さなくとも、その「旗」を目印に己がやるべきことを、各自がきちっと想像し、動けるようになる。

この「想像できる距離」ということがミソであり、それにより部下や後輩が迷子にならない「程よい放牧」となる。リーダーが想像もつかない目標を設定してしまっては、部下や後輩はどこから手をつけていいか、手掛かりに窮してしまうだろう。

また人は、大きすぎる目標を掲げられると、「それは無茶だ」というマインドを抱えてしまい、イコール「努力の強制」と受け取りかねない。本書は、**人間の100%のパフォーマンスというものは、「強制的な努力」ではなく、「自発的な努力」から生まれるもの**と考える。なぜなら、強制的な努力とはあくまでドーピング的な処置であり永続的に機能するものではない。

だからこそ、〝頑張れば越えられそうなハードル〟を課す必要があり、部下がそれに納得して目標を受け入れることで、「自発的な努力」を引き出すことができる。

伊藤氏によると、収録後に行われる反省会でも（反省会と称しているが）、「おもしろかった」「特にあそこは良かったね」などの良かった点を、必ず内村から発するという。基本的には、おもしろかったということを伝え、「あそこに関してはどうだったのか」などという指摘は滅多にないと、そのやり取りを振り返る。

---

**「言葉少なのパスを受け取って、そこに合わせてセッティングされた旗を越えようとしたスタッフに対して、終わった時に良かったんじゃないかと伝える。その努力と結**

**果を認めてくれる**。それって普通に嬉しいことじゃないですか。褒められる、やった、と。手応えを感じて、編集を含めて、またより良いものにしていこうというスイッチを押してくれる。いちいち、人を嬉しくさせて頑張らせるんですよね」

部下や後輩の成長と、プロジェクトの成果、そしてモチベーションの連鎖。チームに、圧倒的な好循環が生まれているのがわかるだろう。

**チームの中にモチベーションの好連鎖を生むために、人を動かすリーダーは目指すべき目標の「旗」の立て位置を、しっかりと見定めることが求められる。**

## 13 「最後」は背負う

前項で述べたように内村は、現場が目指すべき「旗」を立てつつ、チームを自由に「放牧」する。そのおかげで番組や舞台をともにする後輩芸人や出演者はのびのびとパフォーマンスすることができる。

一方でこの自由すぎる放牧は「旗」があってなお、収拾がつかなくなる危険をはらんでいる。とくに「お笑い」というものには〝型〟があり、芸人同士でパスを出し合い、ボールをゴールに持っていくチーム戦特有の「試合運び」のような側面がある。

しかし内村の現場では、このお笑いのルールに従う必要はない。目指すべき位置に旗は掲げられるが、その試合運びに関しては、やはり自由に放牧してくれる。

この放牧型のアプローチで、それぞれの番組がしっかり成り立っている背景には、**たとえ現場でどんなことが起きても、最終的にリーダーである内村が「背負ってくれる」ということが大きく寄与している。**

前出・古立氏は内村を「最後は落とせる人」だと表現する。

**「なんで内村さんがそんなに若手を自由にさせられるかというと、内村さん自身で最後は〝落とせる〟からなんです。**その場でどんなことが起きても、変な空気になっても自分がボールをもらったら、ゴールを決める……すなわち100%落とせるんです。パスしてくれれば俺はいくらでも、この現場を終わらせられるからっていうね。そこは後輩芸人にとっても安心できるし、演出サイドとしても安心して見ていられますよね」

内村が仕切る現場に流れるその「安心感」が、実際に後輩たちのパフォーマンスを最大限引き出している。

「こちらが台本にないことまでふざけすぎると、普通は最後に出てきて締める内村さんが大変になっちゃうんですが、僕らのそのふざけよりもより大きくして返してくれるんです。**最後は自分が引き取るから自由にやってくれ、というスタンスです**」（前出・塚地武雅氏）

**「チームを自由に放牧する」というリーダーシップが、この「最後は背負う」という姿勢があってこそ成り立つことが分かるエピソードだ。**

すなわち、チームの自由なパフォーマンスは、裏を返せば、そのアウトプットを最後はリーダーが成果へと変えてくれるという「安心感」があって初めて成立する。

例えば、部下に新しい商品のマーケティング戦略を任せたとしても、それで上がってきたアウトプットを最終的には成果を出せるプランとしてリーダーが〝昇華させる〟必要がある。

任せていた作業の進捗が芳しくなければ、納期に間に合わせるための代替案を用意するなど、生じた問題を解決する手立てをリーダーとして提示しなければならない。その技量と責任を持って初めて、「チームを自由に放牧する」というマネジメントが成り立つ。

逆に言えば、リーダーと呼ばれる者が、他の者より金銭、待遇、名声などで恵まれているのは、それを果たせるという実績・能力の裏付けがあってこそ。

番組の企画であらゆるチャレンジを共にしてきたウド鈴木氏は、

## 「チャンスを与えてくれるけど、やらせっ放しにはしない。最後は確実に引き受けてくれる人」

と内村に感謝する。

「いろいろやらせてもらった中で、いわゆる最終的な責任とか大きなものは、内村さんが引き受けてくださるわけですよね。何があっても。もちろん南原さんもそうなんですけど、ウンナンさんが。だから僕らもガムシャラにできるわけです」（前出・ウド鈴木氏）

---

相手に自由を与えながら、最後は自分でケリをつける——内村のこのスタイルはタレントとして出演する場以外でも同様だという。前述の小説『ふたたび蝉の声』で編集者として向き合った小学館・星野博規氏はこう述べる。

---

「打ち合わせ段階で、いろいろ意見を求められたのですが、最初はこちらも遠慮して言えないわけです。下手なことを言ってしまい、作品に影響が出たらまずいなとか想像して。でも、お話を重ねていくうちに**『この方は最終的にご自身で決められるんだ』『自身の判断で責任まで背負う覚悟があるんだ』**ということに気づいたんですね。

そこからは、僕らも全部、自分の思っていることをぶつけてみようとなりました。自信があることもないことも、自分の全部を出せたのは、内村さんのそうした姿勢があったからこそだと思っています」

**ここで重要なポイントは、リーダーが「初めから背負う」のではなく、「最後は背負う」ということ。**

すなわちリーダーが1から10まで責任を負ってチームの動きを管理・統率するのではなく、まず部下や後輩たちを「放牧」し、大きな裁量を与え、彼らのパフォーマンスを十二分に引き出す。そして最終的な段階で、その部下のパフォーマンスを「成果」へとつなげるためにリーダー自身が調整・提案を加える。

**部下や後輩のパフォーマンスを十分に発揮させるためには、この「安心のある自由」をチームの空気内に作り出すことだ。**

安心のある自由の中だからこそ、若いチームメンバーは気負いせずにのびのびと「チャレンジ」ができるのであり、その結果としてパフォーマンスが120％引き出される。

ここまで読んで、「最後は自分が背負う」気概はあるものの、それだけの実力が自身に伴っているか不安を覚えるリーダーもいることだろう。

しかし筆者が伝えたいのは、**リーダーが必ずしも「成功」を担保する必要があるのではなく、求められているのは「責任を背負う」という〝その姿勢〟である。**

内村が番組やコントにおいてそうであるように、放牧した仲間たちと進めたプロジェクトを、リーダーが「完全なる成功」に導くに越したことはない。そのための努力はリーダーの役目。

**しかし肝要なのは、たとえ失敗したとしても「その結果ごと背負う」ことであり、必要なのは能力でも経験でも勇気でもなく、リーダーとしての「覚悟」だ。**

もし上司であるあなたが、最後は背負ってくれると確信できていれば、部下たちは安心して高いパフォーマンスを発揮できるに違いない。

## 「みんなが考えるようになる」チームマネジメント

もしもあなたがリーダーで、「自分がもう一人いたら、仕事がもっと捗《はかど》るのに」などという想いを抱いていたなら、残念ながら、あなたはチームマネジメントを理解できていないかもしれない。どれだけあなたが優秀で、ずば抜けた能力を持っていたとしても、所詮自分一人の思考できる範囲はたかが知れており、二人になり物理的に時間が増えたところで「1＋1＝2」になるだけではないだろうか。

**チームマネジメントの醍醐味は、「1＋1」を、4にも5にもしていけるところにある。**

第2章前半では、「より高いパフォーマンスを発揮する」チームマネジメントと題して、チーム員のモチベーションを向上させ、その能力を最大限引き出すためにリーダーが取るべき行動について指摘した。

そして後半では、上司の指示待ち型の部下を養成するのではなく、自ら考え行動する、「みんなが考えるようになる」チームマネジメントについて提案したい。

**内村は「相手に考えさせる」ことが実にうまい。彼は番組づくりや映画製作の現場においても、チームにおけるどんな立場の人々にも、考えるきっかけと「余白」を与えることで、いつの間にか彼らをチームの中心へと引き込み、〝戦力〟へと変えてしまう。**

生来、人間には「自分で考えたい」という強い欲求が備わっている。必定《ひつじょう》、上司の命令に従属させられ続けると、部下たちは反発を覚える。そして不要な苛立ちから解放されようと、「思考を放棄」するようになる。結果、上司はすべてにおいて指示を出し続けなければならなくなり、業務量はいや増し、心身ともに疲弊していく。

人間に備わるその「欲求」を、チームの課題解決へと転換させられたなら、リーダー・部下、双方にとって、もっとも幸福な環境をつくることができる。そして「己で考える部下」の育成は、チームの強化にとどまらず、未来のリーダーの誕生に連鎖し、ひいては組織・会社の発展へとつながる。

# 14 相手に一度「ボール」を渡す

映画や舞台の制作過程において内村は、バラエティ番組で見せるあの〝優しいお父さん〟像から一変、ストイックな〝作り手〟の内村光良になる。そして、「作り手の内村」もまた、スタッフの能力とモチベーションを自然と引き出していくリーダーとしての面を持つ。

たとえば内村は脚本制作や編集作業の過程で、**「僕はこんな風に思うんだけど、●●さんはどう思う?」と、自分のボールを一旦相手に渡すことがよくあるという。そうすることで、相手に「考えさせる」**。

もっとも、こうした制作過程において相手に意見を求めることは至ってよくある行為。

しかし内村の場合は自分が迷ったときだけでなく、ある程度方針が定まっているような場も含め、様々な過程において〝意見のボール〟を周囲にどんどん渡していく。

内村の監督映画『金メダル男』で制作をともにした、前出・栗谷川純氏は〝久しぶりに痺れる毎日だった〟という内村との編集室でのやり取りをこのように思い起こす。

---

「内村さんは、相手に考えさせるんですよ。監督として『自分はこうしたい』というプランを当然持っているのですが、一度周りの人にも意見を聞くから、**一緒に仕事をしていて、〝いつ球を渡されるか〟という緊張感がいつもあります**。だから内村さんが考えていることを常に意識しながら、プラスアルファで〝自分だったらこういうアプローチかな〟ということを並行して考えていかないと、ついていけないんです」

---

しかも、そのボールの受け渡し方にも内村らしさがあるという。同作品のエグゼクティブプロデューサー・松本整氏も内村からのボールを多数受け取った一人。

---

「内村さんの聞き方は実にフラット。その口調は温和で穏やかなんですが、聞かれた側がドキッとしてしまうような問いかけが少なくない。プロデューサーとして作品全体のことをしっかり考えていないと答えられないような、監督としてこの人はここまで考え尽くしているんだな、ということが伝わる球を投げてくるから、**こちらも惰性**

**ではなく、誠実にボールを受け取り、持てる力をフルに発揮して投げ返さねば、と自然と気を引き締めてしまいます」**

このように内村は、チームの制作過程において「相手に考えさせる」というスタイルを取る。ことモノづくりにおいて内村はストイックな人間であるが、「他人を寄せつけない」というより、「他人を巻き込んでいく」タイプ。ここに「内村さんの現場は必ずいいチームができる」という謂《いわ》れを解明する糸口がある。

**ビジネスの現場において、優秀なリーダーであればあるほど、大概の問題に対する大失敗に陥らないだけの「解」を自身の中に持っている。それゆえ、「相手にボールを渡す」ことをいつの間にかしなくなってしまう。**

経験則からある程度外さない解の導き方を把握しており、いちいち部下に意見を求めて、それを真摯に聞くことが非効率に感じられるときもある。またリーダーとして過ごすうち、「自分の『解』は部下らのそれに比べて正しい」というある種の傲慢さが芽生え、ボールを投げなくなってしまう者も少なくない。これらの行動はやがて、リーダー自身の視座を狭め、成長を止めてしまう。
加えて、**リーダーが常に「解」を持ち、それを間違いなく進めていくマネジメントスタイルが続くと、いつしか部下や後輩たちはリーダーの発言や決断を、ただ「待つ」ようになってしまう。**まさにそれは周囲の思考を止め、みんなが考える機会を奪うことに他ならない。

その点、「相手に一度ボールを渡す」という内村のスタイルは、チーム全体を常に活性化させる。先ほどのエピソードにもあったように、**リーダーからいつ球を渡されるか？という緊張感をチームに持たせることで、それぞれが〝傍観者〟にならず、常に「自分だったらこういうアプローチにする」という当事者意識を強く持って、自発的に解を想像するようになる。**

このように、チームメンバーにボールを渡すことは、それによって「よりいい意見・提案が出ること」以上に、チーム全体を常にアクティベートさせ、「個々人がリーダーの視点に近づいていくこと」に大きな意味がある。

特に本書を執筆している「withコロナ時代」で、現在進行形で定着しつつあるリモート会議では、発言・意見をするスピーカーがより一層、リーダーに偏ってしまいがち。こうしたリモート会議においては、リアルのそれよりも、より積極的にチームメンバーにボールを渡すことが重要になる。

もちろん、いつボールを渡されるかわからない部下や後輩にとっては、気が抜けない環境になる。しかし、相手にボールを渡すという行為は、両者の「信頼関係の証」でもある。**リーダーから球を受け取る部下は、責任とともにリーダーからの「信頼」を同時に確認できる。**

---

「まだ番組が始まって間もない頃、現場で内村さんがオチで悩んでいた時に、どう思う?って言われて、『こっちじゃないですか』と答えたら、そうしよう、となったんです。すると、それ自体はよくあることですが、その場にいた出演者の一人が、内村さんのような大ベテランが、『西川さんの意見をこんなに素直に聞くんですね』と驚いていたんです。そしたら内村さんが『だって信頼してるもん』ってポロッておっしゃって。その時、すごい嬉しかったです」(NHK『LIFE!』総合演出・西川毅氏)

「内村さんが最終的に決めていくんですけど、スタッフの意見もすごく聞くんですよ。ここどう思う?とか、どうしていく?って。みんなの意見を尊重して、全員で前進していく作り方をしていく。やっぱり嬉しいじゃないですか。一緒にものを作っている感も出ますし。みんなのモチベーションも上がる。『とにかく俺のやることについて来たらいいんだよ』って感じではなくて、全員プレーでライブを作っていこうという感じが、めちゃくちゃありますす。その前提として、何よりスタッフのことを非常に信用していますから、その相互関係はとても大きい。信用されていると感じたら、スタッフはやはり全力で打ち返して行きます」(前出・片山氏)

できるなら明日からでも、普段ならあなた自身で決めてしまうことも、部下や後輩に一度ボールを渡してみたらどうなるだろう。その繰り返しが、上司からの「信頼」という自己肯定意識へとつながり、徐々に「みんなが考えるようになる」チームをつくりだし、結果、これまで以上に〝考動する〟組織が生まれていくことだろう。

## 15 ボールを「渡す相手」を選ばない

内村がチームメンバーに「一度ボールを渡す」ことで、関わるスタッフの意識を常に活性化させるのは、前項で触れたとおり。この点にはもう一つの着目ポイントがある。

内村は、**そのボールを「渡す相手」を選ばない**ということ。

様々な現場において、たとえ経験の浅いアシスタントにも彼はピュアに意見を求める。技術や知見がある人には玄人としての意見を聞き、そうでない人からは一般的な目線の意見を求める。

**この「ボールを渡す相手を選ばない」スタイルが、関わる様々なスタッフたちを、リーダーに力を尽くしてくれる「仲間」へと変えていく。**

前出・栗谷川氏によると、映画『金メダル男』の編集作業中、内村は編集アシスタントにも分け隔てなく意見を聞いたという。紛糾すると、どうしてもメインスタッフのみで議論してしまいがちだが、内村はまだ若いアシスタントにも俯瞰した視点としてフラットに意見を求めた。
通常、アシスタントは、メイン編集の横に座り細かい作業をやっていて、意見を言う機会というものがなかなかないが、内村は頻繁にボールを預けることで〝一緒に作品を作っている仲間〟として巻き込んでいく。
相手を選ばずにボールを渡すというのは、誰もが出来ることではない。たとえば一般企業に勤める管理職の人間が経験、実績、能力もなく、右も左もわからぬ新入社員に対し同じことができるだろうか。相手を選ばずスタッフ全員を巻き込んでいくことは、それが重要だと言われたとしても、効率的に業務を遂行しようとする、ビジネス意識が高い人ほど実践が難しい。

**だが内村の現場におけるこのワークスタイルは、一つのプロジェクトに関わる多くのメンバーに、「自分もこの中心に関わっている」「自分のアクションがプロジェクトをよくしている」という、自己肯定意識と責任意識を生みだす効果がある。**

ＮＨＫ紅白歌合戦やＣＭ撮影などで内村のスタイリストを担当した中井綾子氏は、内村のこの巻き込む姿勢がスタッフ自身にもたらす影響についてこのように語る。

「内村さんは自分の撮影シーンが終わると、スタイリストの私にも『今のどうだった？』『俺おもしろかった？』と意見を求めてくれて、一緒にディスカッションしてくれるので、自分が認められた気がして嬉しくなります。逆に言うと気が抜けないので、毎回撮影シーンをしっかり見てきちんと感想が言えるようにしています」

---

内村は周囲に忖度を求めているわけではなく、率直な意見を聞きたがる。今では中井氏は、自らのしっかりとした意見が言えるように、いつの間にか内村の過去の作品を見返したりして、「衣装」とは全く関係のない領域の知識まで持とうと努力をしているという。

このように**内村と関わるチームメンバーは、自然と各々が「考える」ようになり、ときに自分の領域以外のことまで「努力しよう」とする。**これこそまさにチームを動かす「考動させる力」であると言えよう。

例えば、会社で新たなコスメ商品の開発コンセプトを考えていたとして、リーダーであるあなたが経験のない新人にも積極的に意見を求めることは、新人の仕事意識を高めることにつながる。そして時に、直接関わりのない管理畑や事務職の人にも同じように意見を聞いてみることも、思いもよらぬ多面的な見方、見落としていた別の視点の獲得に結び付いたりする。

たとえ彼らがそのプロジェクトメンバーでなくても、何かについて意見を求められると、人はその情報に敏感になり、そこから新たなヒントを探すようになってくれるかもしれない。それこそが、「自ら動くチーム」の作り方なのだ。

**内村がこれを実践できているのは、第1章で述べた、相手の「肩書きに上下をつけない」という彼自身のスタンスに由来していると考える。**

内村の価値観の中では、人の立場や肩書きに「差」がないからこそ、ポジションを気にすることなく様々なスタッフに意見を求め、そして誰が発したかを気にせずに「良い提案」「良いアドバイス」をフラットに取り入れることができる。

これが内村の関わるチームが常に、番組や作品の内容に対する「成果」と、「チームモチベーション」を両立できている、好循環の理由の一つにあたる。

**そして、あらゆる人にボールを渡していく際には、短期的ではないマネジメント意識が必要となる。**

「みんなが考えるチーム」をつくることは、結果リーダーであるあなたの大きな助けになっていく。たとえ初めはリーダーの視座に届かないかもしれないとしても、チームを自発的に考えさせることは、彼らにとっての最高の「成長時間」につながり、チーム全体のパフォーマンスを絶対的に向上させていく。

**最後にもう一つ、リーダーが心しておかなければならないのは、いつも同じメンバーだけで仕事をしないということだ。**気心が知れた仲間と仕事をすると、言わずもがなで通じることが増えていき、要らぬ衝突も避けられ、一見、仕事がはかどる。だが結局のところ、それではボールを渡す相手を「選んでいる」ことになる。

内村は映画『ボクたちの交換日記』を監督する際、プロデューサーである関西テレビ・青木裕子氏に対し、アサインするスタッフを特に指定しなかったという。

「前作『ピーナッツ』も撮っていましたし、これまでの経歴の中で、いろんなスタッフの方をご存じなので、ご自分の意見を聞いてくれるような人を、周りに置きたいと思う方もいらっしゃると思うんです。ところが、**一切気にしないでいいから、最適だと思う人を推薦してくれとおっしゃって。**結果、集まったスタッフはほぼ全員初対面でした。そういうところにストイックさというか、いいものを追求する姿勢を感じたことを、すごく覚えています」

自分の意見を聞いていてくれて、自分のやり方を理解してうまくやってくれる人たちを身近に置きたがるリーダーは少なくない。けれどそれでは、新しい視座は獲得できず、考えもパターン化し、チームの発展に限界が訪れる。チーム全体の「考える力」は、ゆるやかに停滞してしまう。

**自分はボールを渡す相手を選んでいないか。自分の求める回答をくれる相手にだけ、意図的にボールを渡してはいないか。**

自らを省みて、常に環境を変化させるストイックさも、忘れず意識したい。



## 16 みなまで言わない

「チームを考えさせる」アプローチとしてもう一つ挙げたいのが、「みなまで言わない」というキーワード。

内村は現場での言葉数が少ない。先輩芸人として後輩に意見したり、自身の〝あるべき論〟などを語ったりしない。それは彼自身が元来、人見知りで内向的な性格であることが影響しているのであるが、それゆえ、**何か発言をしたとしても、基本的に「みなまで」言わない。**

番組のことについてスタッフに意見することがあっても、あれこれと多くは口にしない。例えば、「あの演出はやっぱりこっちがいいんじゃないかな。こっちの方が〝ちゃ、い、い、んと笑える〟から」というように、少ない言葉でありながら、そこに何か大事なことが隠されているようなセリフを無意識的に言う。

すると、その言葉を聞いた周囲のスタッフたちはどうなるか。一体、「ちゃんと笑える」とはどういうことだろう?と、そのセリフの真意を模索し、答えを見つけようと必死の「内村言語の翻訳」がはじまる。

「口数が少ないこともあって、内村さんって何考えているかわかんないなぁってみんな思っていますよ。で、戦々恐々とスタジオにいる。でも内村さんはそんなつもりはなくて、なんにも考えてなかっただけだったりする。周りが勝手にそうやって解釈していっちゃうんですよね。でも、そうやって言葉が少なくてわからないからそれゆえに周りのスタッフが自分で考えるようになる、というのはあるような気がしますね」

（前出・飯山氏）

「みなまで言わない……たしかに根っこが人見知りだから、仕事でも無駄なことは一切話さないですよね。だから**周りがなんかポロッとした一言について過剰にいろいろ考え出すところはあります**よね。後輩芸人さんからもよく聞きます。内村は多くを語らないから、その一言に重みがあって、聞き逃さないようにしていると。まぁ、彼は、含みを持たせようなんて、まるで意識していないと思いますけど（笑）」（前出・内村宏幸氏）

仔細に語られないからこそ、こうしてみたら内村はどう言うだろうか、この修正方向は内村の意図と合致しているか、とスタッフそれぞれが頭をフル回転させて考えるしかない。

**こうして内村の現場には、いつもチームが「考える余白」が生まれている。**そしてその環境が、ただ「指示をされている」「支配されている」わけでない自立した現場チームの空気感を生み出している。

意図的かはさておき、この内村の姿勢が意味するマネジメントアプローチは、実は部下や後輩の「解を見つけ出す力」を鍛えることにつながっている。

**リーダーはたとえ「答え」が見えていても、それを1から10まで説明せず、3くらいしか言わないほうがいい。**さすれば、残りの7はチーム全体が想像しようとしてくれる。

そして**ここでもう一つ重要なのは、その「3」の中に、課題に対する解を導きだすヒントとなる〝本質〟を含めること。**

例えば、ある新しいカップスープ商品の宣伝プロモーションを考えているときなら、「ターゲットは30代の独身女性だから、彼女たちに刺さるメッセージを考えてみよう」とすべてを伝えてしまうのではなく、「誰が一番この商品があることで喜ぶかを考えてみよう」と〝思考の糸口〟を投げかけるに留める。こうすることで、リーダー自身も想定していなかった「解」の幅が期待でき、かつ、チーム全体の「解を見つけ出す力」にもつながる。

事実、内村が関わる制作現場には、**彼が多くの言葉や意見を投げ与えないからこそ、その意図を想像し、ストライクゾーンを見つけ出す力を持った人材が集まっている。**

実際に内村との番組制作の経験者で、各局のいわゆるスターディレクター、ヒットプロデューサーになった人材は多いと聞く。

前出・伊藤隆行プロデューサーは、内村が言葉少ないだけに、内村の意見や質問に対してすぐに返していけるよう心がけていると教えてくれた。言われたことに対して、自身で理解して、その意図に当てる回答を持っていく努力をしていると。内村が発する言葉のポイントをきちんとわかっていないとしっかりと打ち返せないため、ふわっとしか考えていないようだと、内村と向き合うのは難しいだろうと推察する。

「他局をみても、内村さんの番組のキーとなるスタッフは、明快なタイプの方が多いですよね。ちゃんと明快にリーダーシップを取れる人がいるチームが、内村さんの周

りに育っていっている印象です」（伊藤氏）

ここでも内村のマネジメントスタイルによって周囲の人材が「成長」をしていることがうかがえる。

1から10までを伝えることももちろんリーダーの役割ではあるが、**部下たちが解を見つける本質となる「3」を伝え、その結果として「10」を引き出させることが、チームを動かすリーダーの重要なマネジメントアプローチ**なのである。

## 「不満がたまらない」チームマネジメント

人はうまくいかないことがあると、「不満」の種を見つけてしまう生き物。

職場の人間関係の課題が解決しても、給料に不満が生まれ、給料があがったところで、また別の不満を見つけてしまう。とりわけ仕事で思うような結果が伴わず、苛立つ感情のはけ口を上司や環境にしてしまいがち。

なにも部下側だけに限ったことではなく、上司も同様。己のリーダーシップの欠如を棚にあげ、「部下がもっと優秀だったなら、予算を達成できたのに」などのほの暗い感情を去来させてしまう。それが思わず口をついたり、態度に出ることでチームの士気を下げてしまったりする。

内村がそういった感情を持ったことがあるかどうかは分からない。だが少なくとも、彼が不平不満を発するのを耳にしたことがある関係者は、今回の取材で一人もいなかった。なかには35年以上前から仕事を共にしてきた旧知の関係者がいるにもかかわらず。

と、同時に、**内村とのチームにおいて「不満」を抱いたことがあるという関係者もいなかった。**俄《にわか》には信じがたいが、筆者はここに「内村さんの現場は必ずいいチームができる」という噂のさらなる手掛かりがあると見ている。

「パフォーマンスを発揮する」「みんなが考える」、そんなチームを作り上げたとて、そこに「不満」が燻《くすぶ》っていては、本当の意味での良きチームは成立しない。

**「不満がたまらない」チームの空気づくりは、自発的にパフォーマンスを発揮するチームを〝サステナブル〟に継続・維持することにつながる要素だ。**

いかに「不満がたまらない」チームを創生するのか、内村の行動姿勢からその秘訣を紐解き、第2章「チームマネジメント」の締めくくりとしたい。

# 17 人の意見を「ちゃんと」聞く

「人の言に耳を傾けない態度は、自ら求めて心を貧困にするようなものである」と説いたのは、かの松下幸之助だが、内村は人の意見を、実に「真摯」に聞いてくれる人間だ。

読者の中には「人の意見を聞くなんて当たり前のことでしょ」と思う人もいるかもしれないが、**日々の忙しい業務の中で、部下や外部の方からの意見を本当に「ちゃんと」聞いているか、自らの心に今一度、問いただしてみてほしい。**

**人は年齢的・社会的に成熟するにつれて、第三者から話を聞く際、全てを聞かずとも、その一部から最終的な話の展開や意図を読み取り、自身の「答え」を早計に出してしまう傾向にある。**これは成功も失敗も含めて、豊富な経験を積んだがゆえの弊害になる。判断を下すにあたっての材料を、自分の中から、せっかちに引っ張り出してしまうためだ。一般的に、「おじさん」「おばさん」が人の話を聞かないと言われてしまう所以だ。

また、端的にスピーディに物事を進め、効率的でありたいとする、ある意味、リーダーとしての優秀さによって引き起こされることともいえる。

あなたも部下からの意見を「うんうん」と聞いているつもりでも、「あーなるほどわかったわかった。それなら……」と意見の一部分を聞いてすぐ、自らの思考に入ってしまってはいないだろうか。

**この点、内村は、人の意見を実に「最後までちゃんと聞く」**。

小説『ふたたび蝉の声』の編集担当・読売新聞社の下梶谷敦氏は、「こちらの話をあれほど真摯に聞いてくれる50代は、僕がこれまで仕事をしてきた中でいない」と当時のことを振り返る。

「内村さん以外に、ああいう話の聞かれ方をされた記憶がないというか。常に教えを請うようなテンションなんですよね。内村さんが、僕みたいな10歳以上年下で一介のサラリーマンに過ぎないような人間の話を、そういう風に聞いてくれるっていうのは、すごく印象的でした」

そしてそのスタンスが、仕事を重ね関係性が深まるにつれてないがしろになったり、後々崩れたりするかというと、そこも変わることがなかったという。同じく『ふたたび蝉の声』を担当した小学館の編集者・星野博規氏も内村から受ける印象について、このように語ってくれた。

「第一印象は、寡黙で口数が少ない方だな、と思いました。コミュニケーションを重ねていくうちに、しっかりとこちらの話を聞いてくれる、こちらの思っていることであるとか、話そうとしていることを、まずは咀嚼しようというような、じっくり話に耳を傾けてくれるという印象に変わりました」

もちろん、話の要点を掴み、効率よく判断をすることはリーダーの必要要件かもしれない。

しかしここで注意すべき点は、**話をしているその相手は、あなたが自分の意見を「本当に聞いているか」を敏感に感じている**ということ。

そもそも「ちゃんと聞く」とはどういうことなのだろうか。相手が最後まで話し終えてから話し出せば、それで話を聞くことになるだろうか。

星野氏が考えを内村に伝えると、「それは例えばどういうことですか？」などの質問をきちんとしてくるのだそう。**星野氏がなぜ今、その意見を述べているのか、サジェスチョンの意味がわかるまで、ちゃんと聞いて、理解をして、戻してくる。「あ、わかりましたわかりました」などと軽く流すということがない。**

「これほどのお立場の人ですと、『これが俺のやり方なんだ』『それは俺のやり方だから』のように言ってしまう人も少なくはないと思うんです。でもそういうことはしない」（星野氏）

同様のことを関西テレビ・青木氏も語っている。

「仕事経験が乏しい中でご一緒させてもらったんですが、私の意見も聞こうとしてくださる。ちゃんと目を見て、私がしゃべっていることを聞こう、理解しようとしてくださる。『はいはいわかったわかった』みたいな感じは一切ない」

取り急ぎ、本書を読んだリーダーたちは即刻、「あー、わかったわかった」という、部下たちへのセリフをぜひ禁句にしてほしい。

ここまで読んで、部下たちの意見をちゃんと聞こう、とあなたが決意しているのであれば、**「聞く」を「理解する」と置き換えると、行動に移しやすいかもしれない。**

部下たちが求めているのは、相談、報告している内容についてただ聞いてもらい、答えてもらうことだけではない。**「なぜいま、彼はこの話をしているのか」「彼女がこのポイントにこだわる真の意図はどこにあるのか」、リーダーはそこまで深く汲みとることを求められている。**そこまでやって初めて、部下たちは「ちゃんと話を聞いてくれた」と感じることができる。

また、「聞く」は、彼らの意見を100%叶える、いわゆる〝言うことをきけ〟の聞くではない。きちんと理解したうえでの判断は、リーダーがきちっと下せば問題ない。**十分理解をしてくれていると部下が感じれば、最終的にどんな判断を下そうと、不満は溜まらない。**

いざ、そこまでちゃんと部下や後輩の意見を「理解」しようとすれば、相手の目をしっかり見て、携帯やパソコンの操作を止め、身体を相手に向け、集中して耳を傾けることが必要だ。相手の説明だけでは情報量が足りなければ、丁寧に質問を繰り出さなければいけない。「それはこういうことですか？」や「つまり」とか「逆に言うと」などと言い換えて、己の理解が、彼らが言いたいことと合致しているかの確認も欠かせない。

どうだろうか。自らを省みて、はたしてこれまでのあなたの姿勢は、人の意見を「ちゃんと」聞いていると言えるだろうか。

自分の話に誠実に耳を傾けてもらって、不愉快になる人はいない。**リーダーという尊敬する存在が、自己の意見を0から10まで「しっかりと受け取ってくれる」という聴講姿勢は、ビジネスの世界において貴重であり、嬉しいことなのだから。**

まずは相手の意見や考えを「ちゃんと」聞く。そしてそのすべてを一度受け取ってから、自分の意見や判断をする。その小さな真摯な姿勢が、「この人のためなら……」と思わせるリーダーへの献身マインドを生んでいく。

# 18 「今日は機嫌が悪い」をつくらない

一見、何でもないキーワードに聞こえるかもしれないが、実際に部下や後輩を持つ読者の中には、この言葉にどこか思い当たることもあるのではないだろうか。

これも内村を取材する中で多くの関係者が語ることであるが、**彼は日々の中で、「機嫌が悪い」というタイミングがない。**逆に言うと「今日はやけに機嫌がいい」というのもあまりないのであるが、どんな日の、どんな現場であっても、常に〝いつもの内村〟でいる。

前出・星野氏は編集者として内村の小説執筆に向き合い、最初の顔合わせから脱稿までトータルで何回打ち合わせしたかわからないというが、

「明らかに今日は機嫌が悪いとか、話しかけづらいといった、そういった機嫌の変化みたいなものが一度もなかった。これは他の作家さんではあまり経験がないこと」

と語る。

この星野氏のエピソードに限らず、毎日の現場における内村の「感情のフラットさ」を語る関係者は多くいた。本人はおそらく無意識なのだろうが、この姿勢はチームのモチベーションにも大きく影響する要素。

**「機嫌」を現場に持ち込まない、それはつまり、部下たちが職場においては「仕事だけに集中すればいい」環境を生み出すことにつながる。**

前出・栗谷川氏も、仕事をしている最中はまったく仕事以外のことを考えなくてよかったと振り返る。


「誰しもが普段生活で嫌なことがあったり、人間関係のことだったりとか、いろんなことがある中で仕事をしなければいけないじゃないですか。でも内村さんと仕事をしていると、本人がいつもフラットだから、私自身もそんなこと仕事場に持ち込まなくて済むというか。もう仕事のことだけを考えていればいいんですよ、他がまったく入る隙間がなくて、だから、楽しくて仕方ないですよ」

「機嫌」は究極的な公私の「私」である。仕事仲間が職場に公私混同を持ち込んでしまったために、ビジネスが進めにくくなった経験は少なからず誰もが持っているだろう。

人はみな、家庭、健康、恋愛など、それぞれに異なる事情を抱えている。仲間として、支え合い助け合うことは絶対に必要だ。それを否定するものではない。だが、一線を越えた馴れ合いは、互いに甘えを生み、せっかくのチームの士気を壊しかねないのも事実。

リーダー自らが「機嫌」を持ち込まない姿勢を見せることで、一線を越えてしまわないような、職場にベースとなる規律を設定することができる。

また、昔からドラマなどで、「部長、今日は機嫌が悪いみたい……」と部下たちが陰でボヤくシーンを見たことがあるかもしれない。一見、ありふれた日常のシーンと言われるかもしれないが、**チームのパフォーマンス不良以外の要因で、上司の機嫌やモチベーションに変化があることは、部下や後輩にとっては非常に厄介である。**

心象的な面ももちろんあるが、それ以上に、上司の機嫌に常に変化があるということは、その判断にムラができる、すなわち「決断にブレができる」ということ。

いつもは通る上司への提案や企画も機嫌によっては通らなくなる。逆に言えば、精度の高くないものも機嫌によってはGOサインが出てしまう可能性がある。

実のところ、部下や後輩のモチベーションを下げる〝最大の悪魔〟になりえるのが、この「理不尽さ」だ。**不可抗力的な要因で、自分たちの努力の成果が左右されてしまうことは、最大のモチベーション低下につながる。**

そういう上司のもとで働く部下たちは、一体どのような行動に移るかわかるだろうか。自身に厳しい対応がされないよう、リーダーの機嫌を取ることを、真っ先に考えるようになってしまう。

前出・松本氏が、内村との仕事は必要以上に何かをする必要がないので、楽だと口にしていた。


「これを言ったらどう思われるんだろう?とか、空気を読んで応えたり、無理にウケを取りにいったりしなくていい。邪推する必要がないんですね。シンプルに、目の前の仕事だけに集中できる」

前出・日本テレビの敏腕ディレクター・古立善之氏も続ける。

「自分たちが作ったVTRを見て内村さんが笑ってくれると、それは、やる気がでます。でも内村さんを笑かしたいのは、自分のためなんですね。お笑いの第一人者に通用する笑いを自分が作れたかどうか？　ということの確認、もしくはチャレンジみたいなもの。内村さんのご機嫌を取る、ということとは全く違う話です。例えば、飲みに行って、お上手を言うのもサブイというか、恥ずかしくてやりたくないし、やる必要がない」

「いかにすれば機嫌を悪い状態をつくらないのか？」については、アンガーマネジメントの領域でもあり、その方法は個々人によって最適な方法があると考える。

ちなみに従兄にして放送作家の前出・内村宏幸氏曰く、幼い頃から55年以上にわたる付き合いの中で、内村が不愉快な表情を見せたのは、

「20歳前後に同居してた頃、彼が大事にしているチャップリンの自伝の文庫本を、僕がイラついて踏んづけ破いてしまったとき」

ただ一度だけというくらい、内村はアンガーマネジメントが不要な、温厚を絵に描いたような羨ましい性格をしている。

以前、「なぜ怒らないのか?」とスタッフの一人から尋ねられた際、無意識な自身の振る舞いの理由を自問自答するように、

「お笑いの現場で、機嫌が悪い状態ができてしまうと、目指すべきおもしろいものはつくれない。楽しくお笑いがやりたいのに、それでは本末転倒だから、そういう空気はつくらないようにしているのかな……?」

と口にしていたそうだ。良い仕事をしたいから、その障害になるような行動は取らない、というリーダー思考が知らず知らずのうちに沁みついているのかもしれない。

**もしあなたがすぐには内村のように自分の機嫌をコントロールすることができなくても、せめて「機嫌が悪い」を部下や後輩に「見せない努力」は明日からでもできるだろう。**日によって出てきてしまうテンションの波を、できるだけ表に出さず、自己の中に〝内包〟することをぜひ意識してほしい。あなたの周りはきっとその変化に敏感に気づくはずだ。

たかが「機嫌」と思うかもしれないが、されど「機嫌」なのだ。リーダーが常にフラットな感情で居続けることは、チームの健全さを維持してくれる。

だからこそ、この「今日は機嫌が悪いをつくらない」という、一見平凡に見えることも本書が目指すリーダー像にとっては重要なポイントなのである。

## 19 「目的以外」のことにこだわらない

これまで述べてきたいくつかのエピソードからもわかるかもしれないが、内村は仕事に関して、不器用なほどに「手を抜けない人」だ。「このロケをおもしろくしよう」「この舞台をおもしろくしよう」と、ものづくりに対してはとことん追求する人間である。

**その一方で、「それ以外の付随部分」に関しては、全くと言っていいほど無頓着であり、無関心な面を持っている。**

内村のそんな人となりがよくわかるエピソードがある。

『イッテQ!』は視聴者の方もご存じのように「ロケ」が中心の番組である。ロケ撮影においては、スタッフとしてもなるべく出演者が仕事に集中しやすいよう現場のセッティングを準備するが、スケジュール、ホテルや食事のクオリティ、予期せぬトラブルなどどうしても行き届かないところは出てしまう。だが内村は、おもしろい番組を作ろう、ロケも一生懸命やろう、と〝作るもの〟についてはに真摯にこだわるものの、それ以外のことに対しては一切文句を言うことがない。

かつて、スタッフの想定不足で、真冬の早朝にお寺の境内で内村が着替えねばならなかったり、制作サイドが実施を切望した真冬の富士登山ロケが、想像以上に過酷なものとなった際も、唯一の出演者である内村にのしかかる負荷に対して一言の不満もなかったという。

そんな内村の姿勢を横で見ていると、そもそもみんなが番組を作るとかタレントの活動、やっていることの主題は何だろう?と問われている感じになると、前出・古立氏は語る。

「別にロケでおいしいものを食べたり、良いホテルに泊まったり、楽しい海外旅行をするためじゃなくて、**ここで笑いを取れるか取れないか、それでおもしろい番組がつくれるかどうか、大事なのはそこだって立ち返れますよね。**番組内で内村さん含め、他の出演者が飯や待遇について笑いにすることはあります。でも、それを心から言うのは違うよねって全員がわかっている」

このことの影響は番組全体にとって非常に大きいという。リーダーが仕事の本質以外の不平不満をたびたび口に出す人間だとすると、それはチーム全体の空気を変えてしまう。

つまるところ、「いい仕事」をするための〝正義〟はどこにあるのか、ということだ。

**「いい仕事のためであれば、多少の不都合は仕方がない」と、チームにとっての明確な〝正義〟をリーダー自身が示すことは、チームの意識を高いレベルに置くことにつながる。**

また古立氏は、自身の他の番組とも違う『イッテQ！』の強さに、番組制作における「意思決定の速さ」を挙げる。

「内村さんが醸す、**〝おもしろい番組を作る〟という絶対的な正義があるから、誰か**

**が何かをやりたいと思いついたときに、議論の余地がないんです。**たくさんの人が関わっているから、それぞれが色んなことを言いだすと、時間が掛かるし実現しなかったりすることがある。けれど『イッテQ！』ではそれがない。『おもしろいものを作るためにはそうした方がいいんだよね』という意見の前では、他のどんな意見も勝てないですから」

内村が醸す〝おもしろい番組を作る〟という正義は、一般企業に置き換えると、創業者の「経営理念」のようなもの。『イッテQ！』に限らずバラエティ番組の全般において、制作関係者全員にとって達成すべき共通目的といえる。

けれど、例えば「おかずクラブのゆいPがこの海外ロケに一瞬だけ顔を出し相撲を取ったらおもしろい」と思っても、滞在僅か30分のために渡航費を捻出し、スケジュールを調整するとなると、判断に迷うのが通例だろう。のべ100人以上の人間が関わるだけに、各人の抱える事情や意見を調整しはじめれば、時間がいくらあっても足りない。けれど『イッテQ！』では、よりおもしろくなることの方に予算と時間を割き、何とかやりくりしてみようと、瞬時に関係者がその工夫を始めるのだという。そこにくだらない駆け引きやつまらない御託を聞くような無駄な時間がない。もちろん、算段の結果、実現が不可能なことも間々ある。それはそれで人事を尽くした結果だから、何も問題はない。気持ちよく次の手に進むことができる。

**立場も就労環境も異なるメンバーで構成されるチームにおいて、目的意識が統一された意思決定の速さは、何物にも代えがたい〝武器〟になる。**

この内村の姿勢はビジネスの現場においても実に合理的であり、「不満がたまらないチームマネジメント」のポイントが隠されている。

逆の場合を想像してみて欲しい。経営理念とまでいかなくても、各部門、部署で、掲げられた「目標の達成」が、本来、まごうことなき「正義」にあたる。

たとえばあなたがシステムを運用していたとする。一部を改修することで、多少煩雑な手続きは必要だが、より社員にとって快適かつ全社にさらに今期の目標達成に有用なものを提供できると考え、上司に提案をした際、「システムに疎い上層部に、複雑な説明をするのは避けたい。今のままでも問題はないのだから、そういう作業は必要ない」と戻されたら、どれほど虚しい気持ちに襲われるだろうか。

たとえばあなたが部下の立場で上司との海外出張の段取りを請け負っていたとする。最大限、成果をあげられるよう、滞在時間を少しでも長くできるよう移動手段を工夫し、現地での打ち合わせも巧みにパズルしてスケジュールを組んだとして、その報告を受けた上司が、「マイルを貯めたいから、航空会社を変えてくれ」だの「現地の美味しいご飯を食べたい」だのと指示してきたら、この上司のもとで働き続けることに嫌気がさしはしないか。

**このようにリーダーがこだわるべき「目的」を見誤ると、チーム内に不満分子が噴出し、チームを破綻に導きかねないのである。**

なぜ内村は不平不満を口にしないのか。

**それは仕事の「目的」に到達するために、チームや関係者がどれほどの苦労や努力をしているか、その〝全体図〟を俯瞰して想像できているからではないかと推察する。**

内村の監督映画『ボクたちの交換日記』の宣伝活動の一環で、内村が終日取材を受け続ける日があった。取材するメディアが1日で30社以上にもなるため合同でできると楽なのだが、媒体が異なると企画コンセプトが違っていたり、それぞれに撮影があったりして、そうもいかない。さらに映画に関する質問は、毎回ある程度同じ内容になりがちで、それが15分ごとに次々と入れ替わりで延々続く、なかなか過酷な仕事だ。
束の間の5分休憩時、さすがに疲労困憊している内村のメイク直しに入ったヘアメイクの大の木ひで氏に対し、内村はただ一言、「ありがたいよね」とつぶやいたという。

「ありがたいよね、ひでちゃん、こんなに取材に来てもらって、って言ったんです。私以外誰もいない控室だから、疲れ切って愚痴をこぼしてもいい場なのに。自分の映画のために、映画の宣伝チームやプロデューサーが不眠不休で協力してこれだけの数の取材を組んでくれている、ということを本人がよくわかっているんですよね」

大の木氏からこの話を聞いた映画宣伝スタッフたちが、寝不足も忘れ、これまで以上に映画のヒットのために奔走したことは言うまでもない。

このようにチーム全体のパフォーマンスを常に想像し、**「目的以外にこだわらない」リーダーの姿勢は、チーム全体の士気にも影響を与え、「共通目的」に向かって最短ゴールを目指す好チームがつくられていく。**

# 20 「ひとつ先」まで気遣いする

多くの部下を管理するリーダーにとって、「気遣いをする」という行為は非常に重要な要素であり、それは誰に聞いても異論はないだろう。

組織としての達成目標を背負いながら、多忙の中でチームに対してどれだけ気遣いができるかはまさにリーダーの資質が問われるが、その点、内村は、**「気遣いの対象」が目の前の存在だけに限らず、その〝ひとつ先の存在〟にまで及んでいる。**

日本テレビ『スクール革命!』で10年以上、内村と番組制作をともにするディレクター・黒川高氏が、内村の「気遣い力」を表す二つのエピソードを話してくれた。

一つ目は、『スクール革命!』で年に一度実施している、修学旅行ロケでの出来事。その年は沖縄でのロケが決定しており、ある施設にいる「イルカと一緒に泳ぐ」というイベントを内村自身、2カ月以上前から楽しみにしていたという。しかし、いよいよあと1週間というタイミングで、沖縄に台風が上陸。施設の柵が壊れイルカが海に出て行ってしまい、ロケができなくなったことがあった。その報告を黒川氏がしたところ、内村は開口一番、「それでイルカは大丈夫なのか？」と尋ねたのだという。ロケや番組のことではなく、イルカの心配をする内村に思わず「ほっこり」としてしまうが、筆者が注目したいのは内村の「優しさ」ではなく、「気遣いの範囲」の広さ。

それを裏付けるのが黒川氏が語る二つ目のエピソード。内村がウッチャンナンチャンとして活動する際のコンビの立ち位置に関するものだ。お笑いコンビには「決め」となる立ち位置があり、ウッチャンナンチャンの場合、コントでは内村が上手《かみて》（ステージに向かって右）、南原清隆氏が下手《しもて》（ステージに向かって左）、で35年以上活動している。だがテレビでのMCの仕事の場合は、その立ち位置を逆にしているという。

「30歳を過ぎた頃、画面上に、『ウッチャンナンチャン』のテロップが入ると、コンビ名とテレビの視聴者から見るコンビの立ち位置の順番が逆になっていることに気づいたんだそうです。これだと視聴者がどっちがどっちだか分かりにくいのではないか、と気になり、以降、テレビに出る時だけ逆にしたそうです。制作スタッフも名前のテロップを入れやすくなる。そういう所まで普通は気づかないですよね」（黒川氏）

このように、一見こちらからは見えない、相手側の目線に立たないとわからないような、〝小さな不便〟にも気づくというのは、実に内村らしいエピソードのように思う。

**ここで特に見習うべきは、目の前の存在だけでなく、その「ひとつ先」にまで気を遣うというスタンス。ビジネスの現場において、常にひとつ先にまで気遣いをする姿勢は、リーダーとしての〝求心力〟を高めることにつながる。**

例えば、チームの誰かが風邪で会社を休むことになったとき、まず風邪にかかった本人の体調を気に掛け、彼が進行していた業務の停滞を気にするだろうが、同時に、その彼が今日不在であるがゆえに負荷が回ってくるチーム員や、風邪を引いたチーム員の家族が看病で疲弊していないかというところまで気遣うことが重要だ。

また例えば、プレゼン資料の作成において、直接プレゼンを受ける相手に向けて丁寧に資料をつくることはもちろんだが、その資料が相手方の会社の中で「上申されていく」ことを想像して、その資料を文字で読んだだけでもわかるように丁寧な補足を付け加えておくことも、仕事の成功のために大切だ。

こうしたアクションの積み重ねが、本キーワードである「ひとつ先の気遣い」になる。

前出・下梶谷氏によると、内村はどんなに忙しいときも、小説の原稿の締め切りを破ったことがない。

「時間がね、と何度もおっしゃっていましたし、作業時間の確保に苦心されていたと思います。でも絶対に締め切りを守る人です」

下梶谷氏は、内村氏のその背景に、20代から非常に忙しい毎日を送ってきた人ならではの、自分の中でたとえ7割の出来であったとしても、できているところまでで必ず出さなければいけない、締め切りまでの出来も含めて自分の能力である、それで望む評価が得られなかったとしてもそれは自分の責任である、という覚悟を感じたそう。

締め切りを過ぎてしまえば、内村の締め切りにあわせて、他の業務のスケジュールを調整していた下梶谷氏はもちろんのこと、そのプロジェクトに関係するスタッフ全員に迷惑が掛かる。編集者である下梶谷氏の「ひとつ先」にいる、校閲、印刷会社、書店、などを待たせることになる。そこまで内村は理解して行動しているのではないか、と感じたという。

誰しも「目の前」のことであれば、意識は向けやすいだろう。**だが明日からは、ぜひその「ひとつ先」の存在・事象についてまで気遣いの範囲を広げてみてほしい。**リーダーであるあなたのその姿勢は、必ずや部下や後輩からの信頼と求心力に結びつくはずである。

# 第3章

# コーチング／育成

# 「士気を高める」コーチング

第1章では「リーダーシップ」、第2章では「チームマネジメント」の視点から、内村がどのように現場のパフォーマンスを向上させているのかについて解説した。

第3章では、より個々人への「コーチング（育成）」という視点から、内村式のリーダースタイルがどのように活用できるのかを解説していきたい。

**本書が目指す「コーチング／育成」のゴールは、リーダーやチームのために、自発的・能動的に努力する人材を育てることにある。**それはきっとどのリーダーも切に目指しているところだろう。

「やってみせ、言って聞かせて、させてみせ、ほめてやらねば、人は動かじ。話し合い、耳を傾け、承認し、任せてやらねば、人は育たず。

やっている、姿を感謝で見守って、信頼せねば、人は実らず。」

これは後進指導の研修等においても度々引き合いに出される山本五十六《いそろく》の言葉。内村を見ていると、これを実践しているのではないかと推量してしまうほど、士気が高い人材に囲まれている。自らに言い聞かせ遂行した山本五十六に対し、内村に〝育てる〟という気負いは感じられず、けれど気づくと周囲に人材が育っている印象を抱く。

恐らく内村は、「チームを育てよう」という明確な意思は持っていないように思われる。彼は後輩芸人にアドバイスやダメ出しをすることはなく、そういったタイプではない。それでいてなぜ、内村のチームは人材が育つのか。それはつまるところ、内村は人を育てようと意識してはいないが、**このチームのために「全力を尽くしたい」「率先して動きたい」という高いレベルでの〝行動モチベーション〟をチーム各員の心に抱かせているから**だと考えられる。

第3章の前半では、内村イズム溢れる行動・姿勢の中に潜む、「チームの士気」を高いレベルへと導いていく育成のヒントを発見していこう。

# 21 「他人のパフォーマンス」に素直である

一般的に「よきリーダーの条件」の一つに、部下の才能や能力を見出し、伸ばすことが挙げられる。内村はそれを無意識的に、そしてとても上手に実践している。

**テレビなどの収録現場における内村は、後輩芸人や出演者の発言やボケに、とにかく「よく笑う」。**

読者の皆さんも、テレビの中で内村がよくお腹を抱えて笑っている様子が印象にあるのではないだろうか。しかもそれは決してMCや先輩の目線から笑っているのではなく、常に〝家のリビングにいるお父さん〟のようにただただ笑う。

芸人同士であれば、心のどこかで「笑いを取る」ということにライバル心が働くもの。しかし内村には今のポジションに限らず、尖ってギラギラだったであろう若手時代の頃から〝それ〟がなかった。彼は誰が、どんなことを言っても、それがおもしろければ「笑う人」だった。年齢を重ねるにつれて、丸くなっていったのではなく、最初からそうだというのだから驚く。

「多分、他人に対してうんぬんに気持ちが向いてなくて、常に自分がライバルなんですよね。だから、おもしろいことにはおもしろいねって言っちゃえるんだと思います。で、満足はしない人です。満足しないのも、誰かに対するものではなくて、自分に対することだけ。倒すべき相手とか、ハードルも全部自分」（前出・飯山氏）

**このような姿勢を内村が取れるのは、彼が他人のパフォーマンスというものに対して、常に「素直である」ことによるものが大きい。**内村は芸人としてのライバル心が、「他者」ではなく「自分」に向いているため、それを作り出した人が誰であっても、常に「笑い」というパフォーマンスに対して素直でいられる。

ここでの「自分」とは、「こうありたいと思い描く理想の自分自身」を指す。そこにすべての興味と感心が全集中しているので、内村には「他者」を僻《ひが》んだりヤキモチを焼いたりしている隙間や余地がまるでない。

内村を鑑みると、**他者に対しライバル意識を抱くことが、いかに無益であるか**痛感する。

だが言うは易し、行うは難《かた》し、これがなかなか難しい。
筆者自身も広告・プロモーションのプランナーとしての会社人生を歩んできたが、恥ずかしながら、とくに若い頃は他のプランナーや同期が出す企画を、「おもしろいね!」と素直にはなかなか言えなかった。ましてや競争社会である芸能界で、このような人間性を持っていることは稀有《けう》であると思う。

さらに**内村は、本人も気づいていない他者の長所や特長、よさを見出し、言語化する能力にも長けている。**そもそも、他人のことは長所も短所も目に留まりやすいが、自分自身のこととなると、これが却ってよくわからないもの。内村は他者の長所に気づくと、その強みや美点を特段の意識なく言葉にする傾向がある。実際、彼の言葉が、周囲の人間が「自身の長所」に気づきを得るきっかけになっているケースもあるという。

内村と長く番組を共にするお笑い芸人・いとうあさこ氏もそんな経験をした一人。
今でこそテレビで見ない日はないほどの活躍を見せている彼女だが、まだ世に出る前から、同性のお笑い芸人の活躍に嫉妬や焦りをまったくといっていいほど感じたことがなかったという。

当時はまだ「女芸人」と呼ばれる仲間たちの人数も少なく、いとう氏よりずっと後輩で、テレビに出ずっぱりの者もいた。切磋琢磨が求められる業界だが、彼女は「みんなおもしろいなぁ」とその活躍を心から応援していた。

それから何年も経ち、『イッテQ！』で、「女芸人」回の収録があったときのこと。12人の女芸人がスタジオに一堂に会した際、内村がカメラが回っていない時にみんなを見て、「すげーな、誰もかぶんねぇな」とボソッと口にした。それをたまたま近くで耳にしたいとう氏は、人知れず大興奮したそう。

---

「あー、そういうことだったんだな、と自分の深層心理を言葉にしてくれたように感じました。そうか、みんな、かぶってないから焦ってなかったんだ、と。もちろん似ている部分はあります。でも似て非なるもの、というか。それぞれがそれぞれで。だから別に誰が選ばれ、自分は選ばれなかったとか一つの仕事で慌てなくていいし、みんな違うんだから、それでいいんだよね……もうウッチャンそれそれそれ！って（笑）」

内村にしてみれば、見て感じたことをシンプルに口にしただけなのだろう。だが内村が率直に言語化してくれたことにより、いとう氏は、これまでどおり自分らしく頑張ればいいのだと、エールを贈られた気持ちになったそうだ。

**そしてもう一つ、他人のパフォーマンスに素直でいられる内村は、「才能を持った」おもしろい人間を見つけるのも圧倒的に早い。**事実、内村の番組出演をきっかけにそのおもしろさを世間へと知らしめることになった共演者も多くいる。

「内村さんは〝**おもしろい**〟**ことに素直で、それが本当におもしろくて笑っているのがわかるから、視聴者にも『あ、これはおもしろいんだな』と伝わりやすいんじゃないでしょうか。**だからか、早くからいい芸人さん、才能を見つけますよね」（フジテレビ・木月氏）

---

内村としてはただただ「おもしろさ」に敏感なだけなのだと思うが、内村による発見がきっかけとなり、チャンスを掴んでいく芸人やタレントが少なくないというのが、テレビ

業界のもっぱらの定説である。

企業にとって「人事」は最重要課題。大きな予算をつけて毎年、新入社員の採用活動を行うのもそのために他ならない。良き才能との出会いは、リーダーにとって、チームにとって、企業にとって、自分たちの未来の展望に直結する事項だ。

いかに素早く部下の持つ能力に気づき、素直な賞賛の言葉によってそれをさらに引き出すかで、あなたのチームのパフォーマンスは大きく左右される。

そのためにはまずリーダーであるあなたが、くだらないライバル意識を葬り去り、**部下たちの才能やパフォーマンスに徹底的に「素直」になることで、彼らの個性や能力の「差異」により敏感になることが重要なのだ。**

# 22 「一番のお客さま」でいる

2020年の年末で、4年連続で「紅白総合司会」という大役を務めた内村。思い出されるのは、とある年の紅白の舞台上で、内村も敬愛する往年のレジェンド歌手たちが立て続けにステージでパフォーマンスをし、クライマックスへと向かっていったとき、内村が突然、「なんか俺、すごい幸せで楽しい！」と生放送中に叫んだことだ。

それをたまたまテレビの前でリアルタイムに観ていた筆者は、「そうか、今観ていることの状況は幸せで楽しいんだ」と視聴者として共感を覚えた。紅白の舞台で総合司会を務めながらも、**内村自身が国民の一人として「紅白を楽しむ視聴者」である自分を見失っていないことが伝わった瞬間だった。**

バラエティの制作現場でも、多くのプロデューサーやディレクターからは、「（収録時に）内村さんが笑うかどうかを気に掛ける」という声を聞く。

それは前項で触れたように、内村が他人のパフォーマンスに対して素直だからというだけではない。番組づくりの最前線に立つＭＣでありながら、**同時に内村が、一番信頼できる、一番厳しい、一番目が肥えた「視聴者＝お客さま」だからだ**。

テレビ東京の伊藤隆行プロデューサーは、

「番組づくりのときに、司会の人におもねるとか忖度しすぎて軸を見失ってしまう番組がたまにあるが、内村さんがどこでどう笑うかを気に掛ける行為をそれと同じだと受け取られたくない。内村さんの場合はそうはならない」

と強調したうえで、

「**内村さんは本当に視聴者みたいに正直なので、だから、内村さんの反応を気にするんですよね**。ＶＴＲを見るときは普通の顔をして見ているし、無理に笑うということは一切しない。でも笑うときは本当に表情に出る。実は厳しくもあるので、笑わないときは絶対に笑わないということをわかっているから」

と、同業者への身びいきなどしない〝お客さま目線〟のシビアさに全幅の信頼を寄せる。

日本テレビの古立善之ディレクターも、

「『イッテQ』も、数字を取るぞとか、良い番組をつくるぞとかはありますが、ミクロの部分で言うと、結局、『内村光良が笑うかどうか』という大きいフィルターを一枚かませて番組づくりをしています」

と証言する。

「誰かを貶《おとし》めて笑いを取るといったレベルの企画では、笑わないんですよ。今までにない構造だったりとか、人が内面に抱えている矛盾だったりとか、その人が年をとることによって持つ憂いだったりとか、そういう普遍的なこと、人間味のある、でも愛があるみたいなことじゃないと、あの人自身が笑わないんですね。ただ単に若手をいじめてとか、負荷をかけてとかだけだと笑わない。『イッテQ！』でやる笑いを内村さんといいうフィルターにかけて〝選ぶ〟っていうのに近い。僕らもどこかの場でおもしろいことを話す時に、この場ではそぐわないな、とか考えますよね？　**日曜8時にそぐうか、そぐわないかっていうところと、内村光良が笑うかどうかというフィルターは、そんなにズレていないんですね**」

以前、大阪から東京に出てくるお笑い芸人たちが、「東京進出に成功したければ、内村さんにハマるのが近道」と冗談めかしてやり取りしているのをテレビで見た記憶がある。当初は、「多くの番組のＭＣを担当している大御所だから、内村におもしろいと思われることがポイント」という文脈で受け止めてしまっていた。しかし伊藤氏や古立氏の取材を経た今は、彼らの発言の真意が分かる。それは次のようなことだ。「内村は東京や全国区のゴールデンの笑いの感覚を象徴している。だから、笑いの方向性や照準を合わせるのに、内村が笑うかどうかでフォーカスを調整するのが最適」。そういう趣旨だったのだと合点がいった。

**この内村の「一番のお客さまで居続ける」というスタンスは、リーダーだけでなく仕事**

**をする全ての人が肝に銘じなければいけないポイントだと考える。**

新入社員として仕事を始めたばかりの頃、職場で「これが当たり前だから」「こうするのが一般的だから」などの指示を受け、言われた通りにやるものの、その〝無意味さ〟に違和感を覚えたことはないだろうか。

専門性が高い業種ほど、それが顕著になりやすい。競合社間では最重要課題とされ、ミクロ単位で攻防するような事項があったとして、「はて、それって消費者にとってはどうでもいいことなんじゃないか？」と思うものの、膨大な熱量を注ぎ、当然のようにこだわる先輩たちを前に、言葉を呑みこんだ経験はないだろうか。仕事を覚えるにつれて、「このためなのか」と納得できるものもあろうが、納得できなかったものに抱いていた違和感も、数年も働くうちになくなってしまうのが常。職場の「常識」に染まり、当初は戸惑いを覚えた固有の「非常識」さに何も感じなくなってしまう。

形骸化した内輪の理屈を念頭に仕事に取り組んでいては、会社を成長に導くどころか退化に向かって一直線となりかねない。本当に向き合うべきお客さまの意識と乖離《かいり》があったら、そもそも「企画」も「行動」も「判断」もできないだろう。

とくにリーダーがそんな意識でいては、チームの成し遂げるべき本当の「目的」を見失いかねない。伊藤氏が語るところの「司会者におもねって忖度し、軸を見失う」ことになってしまう。

**どれだけその職場や業種で長く働こうと、一番はじめにある、フラットな一般人の感覚を持ち続けることを、リーダーは強く意識する必要がある。**

また**リーダーが〝受け手目線〟でいることは、同時に常にフラットな判断をチームにもたらす。**

先ほどの番組関係者が言うように、内村は現場において、おもしろければ笑うし、おもしろくなければお世辞では絶対に笑わない。リーダーが一番厳しい、一番信頼できる、一番目が肥えたお客さまであることは、ナームが万が一間違った方向に動いてしまった際にその「間違い」を探知する、ネガティブチェック、リスクヘッジのためのフィルターになりえるのである。

多くの番組で共演するお笑い芸人・いとうあさこ氏は、視聴者が笑ってくれることが何よりの喜びだとしたうえで、その手前、スタジオでVTRを見る際の内村の反応がとにかく気になると明かしてくれた。

「笑ってくれると、やった！って思うし、自分でも気になっている箇所は、何を言うかな、とか心配で（笑）」

組織におけるチーム育成の観点からも、このスタンスは重要だ。

**ビジネスの現場において、部下や後輩が生み出した成果に対して、リーダーはどうしても「作り手・発信者・玄人」側からの評価を先にしてしまいがちになる。**

しかし、リーダーが誰よりも「お客さま・受け手・素人」側として、その成果の素晴らしさ、はたまたその課題を真っ先に指摘することは、メンバーたちにお客さまや世間を常に意識させることにつながり、「目的の本質」を見誤らない強いチーム構築につながる。

例えば、あなたがもし家電メーカーの会社にいるのであれば、部下が苦労をして開発した商品に対し、**「これはこれまでにない機能がある業界初の商品だ！」という内向きの賛辞を贈るのではなく、「これは主婦の役に立つ本当にいい商品だ！」という、一般消費者側のリアクションを提示することが重要**なのだ。

リーダー自身が「一番のお客さまでいる」ことで、チームにとって「リーダーの声」＝

「世の中の声」となっていく。そしてその結果、チームはあなたの意見や判断に「信頼」を置くようになり、日々の業務推進における〝重要な指針〟としていくのだ。

# 23 「名前」を覚えて呼ぶ

これも関係者の間では有名なエピソードではあるが、内村は現場で関わる様々なスタッフの「名前」を覚えて呼ぶ。

一見これもごく普通のことのように思われるが、テレビの収録や舞台で関わるスタッフは数十人からときに１００人を超え、全員の名前を記憶することは容易ではない。

**その点、内村は番組ディレクターなどはもちろんのこと、アシスタントや照明スタッフに至るまで、それぞれのメンバーの名前を覚えて、「○○さん、おはよう」「○○さん、これってどうですか？」というように話しかける。**

些細なことだが、これが実はチームモチベーションにとって効果覿面《てきめん》。

「内村さんはスタッフの名前を覚えるのが本当に速い。それでちゃんと名前で呼んでくれます。内村さんから名前で呼ばれたら、現場のスタッフは素直に嬉しいですよね」（飯山氏）

---

**リーダーが働く仲間、チームメイトを名前で呼ぶことは、相手の尊厳を尊重する行為とみなされる。**

そもそも人にとって「名前」とは、あなたがあなたであることを認められる〝アイデンティティ〟の根幹だ。だからこそ、**リーダーがメンバーの「名前」を覚えて呼ぶことは、「他の誰でもないあなた」を特定することになり、仕事仲間としての親愛や敬意の表明につながる。**

読者が普段どのような人数単位の職場で仕事をしているかにもよるが、少人数でいつも決まったメンバーのチームであれば、名前を覚えるのはそう困難なことではない。一方で、抱えている案件が複数あったり、大勢のメンバーが関わるプロジェクトであったりすると、関わりの薄いメンバーの名前や特徴は、どうしてもうろ覚えで進んでいくことも実際は多いだろう。

関係者全員が同じ会社の同僚というわけでもなく、サラリーマンもフリーランスもベテランも新人もおり、立場も性別も環境も職能も異なるメンバーで「チーム」を組まなければならないときなど、名前を覚えるどころか確認するだけで一苦労であることには同感である。

それでも、リーダーはこの努力を怠ってはいけない。仕事におけるチームは、たまたま、偶然、縁あって〝同じ船〟に乗ることになった仲間と航海しなければならないようなもの。互いに好意を抱き合い親睦を深めた友だちとはまるっきり違う。チーム員全員が最初はある意味寄せ集めで、互いに探り探りでいる。

そんな中で、**船長から、「おい、掃除係」と話し掛けられた場合と、「おい、山田君」と声を掛けられた場合、どちらが作業のモチベーションを高めてくれるかは想像に難くない。**

そして、それが忙しいリーダーからのものであれば、なおさら喜びとチームへの当事者意識に結びつき、チーム員のやる気を導く。

「内村さんはどんなADさんも名前を覚えて、他の番組に移動しますって時も嫌な顔せず、『ありがとう、また会えたら』とさらりと言う。違う現場で再会すれば、『おお、元気？』と声を掛ける。見てもらっている、認めてもらっているという気持ちになりますよね」（テレビ東京・伊藤氏）

---

「APさんが辞めちゃうと聞けば、収録終わりに一声掛けて握手してくれて、その子が泣いてしまったりします。その子は、この番組をやっててよかったなと思うでしょうし、そうやって人の心を掴んできますよね」（日本テレビ・黒川氏）

---

内村の現場スタッフがみな内村を、「好き」になってしまう所以は、こういうところにもある。なお黒川氏は内村のこの姿勢を見習いたいと、担当番組が増えた折、オンラインでの邂逅も多かった中で、スタッフ一人一人の名前をすべて覚えたという。

さらに**内村は現場のスタッフに、よくあだ名をつける。**対象者を傷つけるでもなく、ことさら持ち上げるでもなく、絶妙なネーミングセンスを披露するという。飯山氏はこれを

「1個、頑張れる理由を与えてくれる人」と表現した。

たとえば、映画『金メダル男』の現場では、多数の看板を準備しなくてはならず苦労していた美術スタッフを「ミスター看板」、雨降りのシーンの撮影になるとどこからともなく現れ見事な雨シーンを作り上げ去っていくラインプロデューサーを「雨の魔術師」など、どことなくユーモアも、敬意も感じられるニックネームをつけ、現場を盛り上げていたそう。実際、他のスタッフも内村がつけたあだ名を真似て呼ぶようになるため、チームがまとまる初速が上がり、チームの雰囲気・空気感が和み、結束も強くなるのだとか。

---

「新人マネージャーさんに対しても『よ！　マセキの期待の新星！』などの言葉でいじり、周囲を笑わせつつご本人の緊張をほぐして、その場の空気を柔らかくしてくださいます」（スタイリスト・中井氏）

「マセキ」とは内村の所属事務所、マセキ芸能社のことである。

リーダーがスタッフの**名前を覚えて呼ぶという行為は、それぞれのメンバーを「個」として認識している証明であり、その人に対してプロジェクトにおける〝居場所〟をつくる**

**こともつながる。**名を呼ばれた者は、アドラーが語るところの「共同体感覚」をそのリーダー率いるチームに抱くようになるだろう。ありがたい付随効果として、リーダーに対する小さな「忠誠の念」もついてくるかもしれない。

そしてその小さな気持ちが徐々に、「このリーダー、このチームのためならば！」という行動モチベーションへと変わる要因になっていく。

## 24 一定の「ディスタンス」を保つ

関わる多くの演者やスタッフから尊敬と愛着の念を持たれている内村。しかしその一方で、20人を超える取材の中で、「私は内村さんの心をすべて掴んでいます」という関係者は不思議と一人もいなかった。

**業界的な言い方でいえば、「内村さんとズブズブです」というテレビ局・制作会社のプロデューサーやディレクターが見当たらなかった。**

これは推測になるが、**内村は本人の意識の有無にかかわらず、他人との距離を「ある程度、保っている」**のではないだろうか。

内村は元々、人見知りな人間だ。若い頃から内村をよく知る関係者がしきりに語ってくれたことだが、内村は20代から今も変わらず、収録終わりに芸人同士でわいわいと飲みに行くということもあまりしないタイプだ。

内村に非常に近いと思われる後輩芸人の二人は、

「海のように深くて、魅力が深すぎてわからなくなる。もっと知りたくなる。不思議な方」（ウド鈴木氏）

「間違いなく温かいのに、でもべたべたする感じじゃない。不思議な距離感」（いとうあさこ氏）

と口を揃える。

そんな内村にとって、「他人と一定の距離感を保つ」ということは実は自然なことかもしれないが、このスタンスがコーチングにおいて、絶妙に効いてくる。

筆者が思うに、**チームを動かすリーダーになるためには、部下や後輩を「受け入れる」ことはしても、本当の「懐」に入らせてはいけないのではないか。**

前出・松本整氏は、

> 「内村さんは、他人の人生への敬意を人並み外れて持っている人」

と表現しながら、

> 「他人には他人の人生があるから、そこに土足で踏み込むようなことは絶対にしない」

と重ねる。

内村は、自分も踏み込まないし、相手にも踏み込ませないのだという。

**このチームメンバーを肯定的に受け入れるスタンスは取っていても、土足で中までは入**

**らせず、心のどこかに〝立ち入れない部分〟を持つ**ことは、以下の二つの理由から、リーダーの居住まいとして重要と考える。

第一の理由。**その内面の一定の距離感（＝マインドディスタンス）こそが、チーム内における適切な「緊張感」を生むから。**

「テレビの制作側として内村さんとズブズブの関係になることはないですね。だからその距離感も多分ずっと保たれたままなんだと思います。その『ちゃんとした距離』が、お互いの緊張感をつくっている。馴れ合いにならないためにも、あんまりこちらもフィールドに入って行き過ぎないように、いつしかしているのかもしれないです」

（前出・伊藤氏）

---

内村の現場は温かい雰囲気に包まれているが、誰も内村の心の奥、本当の「懐」までたどり着いていない。だからこそ常に適切な「緊張感」を維持できている。チーム員が各自のびのびと自由に仕事に取り組みながらも、そのよい緊張感が馴れ合いのない〝気を抜い

てたるむことがないチーム〟を作る要因となっているのではないだろうか。

第二の理由。**特定の誰かとの距離感を近づけることは、チーム内に人によるディスタンスの遠近を生じさせ、不平等やえこひいきを生みかねない。**

社会人として仕事をしていく中では、ある特定のメンバーと相互に密接な関係を築くこともあるだろう。それによる好循環も間違いなくある。だが、特別近い存在ができることは、裏を返せば、距離があるチーム員がいるということになる。当人にその意識が全くなく、事実、そんな行動を取っていなかったとしても、そうチーム員が誤解した時点でモチベーションは下がってしまう。

さらに、リーダー側が心しておかなければならないのは、ともすると部下や後輩に「あの人とは常に近い距離で付き合っていないといけない」という一種の脅迫観念を植え付け、周囲が過度に気遣い続ける構造に陥りかねないということ。それは部下や後輩に、業務以外の無駄な労力を強いることになる。

「内村さんにお歳暮とかは贈ったことがない。定期的にそういう何か贈らなければいいけない雰囲気を醸す人もいるでしょう。誕生日も含めて、最近冷たいんじゃない？とか、そういうのが一切ない。**数年間お会いしなかったとしても、〝あ、これは内村さんにとっていい仕事ではないか〟と思えるものがあって相談に行ったら、変わらずフラットに接して判断してくれる人**だと思います」（前出・松本氏）

---

佐藤一斎《いっさい》という幕末の儒者・漢学者がいる。一斎の語録が収められた『言志四録《げんししろく》』は、西郷隆盛の終生の愛読書としても有名であり、現代に通じるリーダーのための指針の書として小泉純一郎元首相が挙げたことでも話題になった。一斎が重役の心構えを「重職心得箇条」としてまとめた中に、重役の心得として「公平性」の重要さを説いている条があり、「平生嫌いな人を能《よ》く用いるということこそ（重役の）手際（腕前）なり」と締めくくられている。

一斎は「嫌いな部下をうまく使ってこそ、重役の腕の見せ所」と説いたが、そもそも好きも嫌いも、近いも遠いもないに越したことはない。

**誰に対しても一定の距離感をキープできているからこそ、チームが本来の仕事において不要なことに頭を悩ませることなく、仕事だけに思う存分専念できる。**

筆者が一番驚いたのが、ＮＨＫのコント番組『ＬＩＦＥ！』でも、内村や出演者で呑みに行った機会が数える程度しかないという事実だ。夜遅い時間まで収録があり、物理的に呑みに行けないという事情がありつつも、プライベートでも交流するなど公私にわたる関係がなくてはあれだけ呼吸のあったコント制作が困難なのではないかと勝手に思い込んでいただけに、意外だった。

---

「演技って、一番のコミュニケーション、究極のコミュニケーションなんですよね。演技を通して信頼関係も築けるし、互いを理解し合える。**だからご飯なんか行かなくても、スタジオに来て、コントして帰るだけでも十分まとまっていけるんです**」（『ＬＩＦＥ！』総合演出・西川氏）

仕事をしていけばしていくほど、仕事を通してコミュニケーションが深まり、お互いを信頼し合い、打ち解け合っていける。まさに理想的なチーム環境といえる。

リーダーには「孤独」がつきもの。リーダーは抱える悩みや不安を、安易に部下や後輩に打ち明けるわけにはいかない。致し方なくとった判断を、事情の説明も許されず批判され、煩悶することもある。

だから、ついチームの中に〝特定の腹心〟を置き、その人とだけは密接な関係を構築したくなったり、チームのメンバーをまめに飲み会に誘ったり、部下たちの姑息な人気取りをしようとしてしまうことがある。

**しかし、リーダーが心掛けるべきは、「一定の距離感」を保ちながら、仕事を通して関係性を深めること。**仕事のパフォーマンス以外の不要なことに頭を悩ませなくていい、という安心感を部下に与えながら、相互に土足で入り込まない領域を維持し合うことが、健全なチームを生み出すことにつながるのだ。

## 「潰れる人をつくらない」コーチング

部下や後輩のパフォーマンスに素直になり、リーダーが一番のお客さまとなり個々人を認めることで、「士気を高める」内村式コーチング。ここまでは、チームをよりよくしていくための学びを解説してきた。

一方で、**現代社会においてチームを率いていくうえで、それと同等以上に重きを置くべきは、チームの仲間を絶対に潰したくない、潰さない、というリーダーの強い信条だと考える。**

まずもってリーダーは、自分の価値観や振る舞いの一つひとつで、部下である人間の精神や健康に多大な影響を与えてしまう可能性があることを、心しておかなくてはならない。リーダーにその意識があるかないかで、つくられるチーム員の未来は大きく変わる。

内村のつくりだすチームは、心身ともにおいて「潰れる人」をつくらない。そのような仕事の仕方をリーダーである内村自身が最も嫌うからだ。

みんなが同じ目的地を目指す仲間であるはずなのに、その船に同乗していることに所在なさを覚え、苦しんでしまう者は多い。潰れる人を、痛む人、と言い換えてもいい。同じチームの中に脱落するものが生まれてしまっては、良きチームなど目指せるはずがない。

この点において内村リーダー論には、部下や後輩を「伸ばす」という視点だけではなく、「潰さない」という視点からも、様々な学びが隠されている。

第3章の後半では、いくつかのキーワードから、チーム員を「潰さない」育成論を解説していきたい。

# 25 誰かを「傷つけること」に敏感になる

会社のために汗水を垂らして働く〝モーレツ社員〟が過去のものとなっている今、部下を「伸ばす」育成を知る以上に、「潰さない」育成を知ることは非常に重要だ。

そのために**良きリーダーがまずすべきこととは、「相手を傷つける」という行為にまず「敏感」になることだ。**

内村は「誰かを傷つける笑い」をとても嫌う。日本テレビのディレクター・黒川氏は、内村自身から収録後に何か不満を言われることはほとんどなく、もし言われるとしたらそれは間違いなく、〝誰か〟を気遣っているときだと話す。

「例えば、演者さんに電流をビリビリ流すくだりがあったとき、あれは大丈夫だった?とか、あれちょっとケガしてない?と僕のところに聞きにこられるんです。編集についても、通常は出演者が自分の見え方を気にして相談にくるケースが多いんですが、内村さんの場合は、話題に出た人や出演者が傷つかないようにしておいて、という感じなんですよ」

自分だけではなく共演者の発言でも、収録中に無駄に人を傷つけたと思われるような箇所や、みんなで特定の演者を責めているような感じになっているようなくだりは、内村から必ず編集対応を依頼される――そう証言するのはテレビ東京・伊藤プロデューサーだ。

「『にちようチャップリン』がまだはじまったばかりの頃、女芸人さんをくって『ブスで何が悪い』みたいな自虐ネタをやろうとしたときも、『自虐で笑いにするのはわかるんだけれど、これをテレビがくくった時点で、人を傷つけてないか？』とすごく気にされてましたね」

この内村の「誰かを傷つけることに敏感になる」という意識は、毎日のようにSNSで多くの議論が巻き起こる現代においてことさら重要な要素だ。

**「傷つく」という感情は人ぞれぞれの尺度で決まる。**それだけでなく社会全体で見たときの価値観が、あなたが生きてきた時代とは随分変化している現代の若い世代においては、「その線引き」がどこにあるかが余計にわかりづらい。**たとえあなたがそのつもりはなくても、相手を傷つけている可能性は十分にある。**

例えば、会社でパワハラやセクハラが起きたとき、上司側の言い分として「嫌がっていると思っていなかった」というようなことをたびたび耳にするが、これはまさに上司側が傷つけることに「鈍感」であることから起きている場合が多いのではないか。

あなたがリーダーだとして、あなたのチームに最初から意図的に誰かを傷つけようとする人は少ないと信じたい。けれど、もしそこでそのような事態が発生してしまったとしたら、**それはリーダーの能力や人間性の問題ではなく、〝想像力不足〟が原因だと推察される。**

リーダーであるあなたが、そういった行動を起こさないことはもちろん、そのような状況が知らぬ間に生じていないか、チームの誰かが傷つくことに誰よりも敏感となることで、チーム全体の意識も変わっていく。

だからリーダーは、自身の尺度のみでものを見るのではなく、受け手側、周囲の人間、部下、後輩、お客さま、それ以外の人、**あらゆる立場の人が痛みを感じていないかどうかに強く意識を働かせ続ける必要がある。**

そして、その意識をリーダー自身が持っているか否かが、「潰れる人をつくらない」育成法における、はじめの一歩なのである。

そしてもしもチーム内において、傷ついているメンバーに気が付いたなら、リーダーはすぐに「行動」しなければならない。

『イッテQ！』総合演出・古立氏が、**「内村から唯一叱られた」**のは、大学生だったか卒業後すぐか、いずれにしてもまだ駆け出しのイモトアヤコ氏が、初めて「バンジージャンプ10本勝負」のような海外ロケに挑んだときだという。

---

「結果的にイモトの出世作になったロケでもあったんですが、内村さんから『イモトはまだテレビに出たてで、周りのディレクターやスタッフから〝飛べ〟と言われたら、絶対ノーと言えない。そういう絶対ノーって言えない人間を飛ばせるのはダメだよね』と、かなり強く言われました。**要するにノーって言える自由度がある人が、自分の意思で頑張ってバンジージャンプをするのは笑えるけど、自由意志がない人間が、もう飛ぶしかないと追い詰められた状況で飛ぶのは違う、と**」

「体を張ること」は芸人にとっての一つの芸であるが、それを自由意志でやっているか、強制的にやらされているか、その違いを総合演出は分かっていなければならない、と内村は古立氏に暗に伝えたのだ。そして、弱い立場の人間にそれを強いて本当に笑えるのか、それを『イッテQ！』というチームでやってしまっていいのかと疑念を呈した。

さらに内村はイモト氏に直接「今後、本当に嫌なときは断ってもいい。自分で断れなかったら、俺から話すから俺に電話しろ」と連絡したそうだ。古立氏は「以後、仕事をしていくうえで、自分の中ですごく大きい出来事だった」と振り返る。

もし誰かが痛んでいるのではないかと感じたら、即座に、その行動を起こした本人とまずは話をすることである。どこに自分がおかしいと感じているのか、毅然と説明をして理解を仰ぐ。それはその部下の意識を、あなた同様、「敏感」にしていくことにつながり、やがてチーム全体の意識が底上げされていく。

と同時に、傷ついたであろう部下への気遣いを忘れてはいけない。

「内村さんは人を傷つけることは嫌いですし、誰も得しないことはやらないです。観ている方も出ている方も含めてそうですけど、**最終的にこれが終わった時にみんなが笑っていないと嫌だっていう人なんです。**その辺にちょっとでも触れることがあると、ススっと寄って来て、『これは違うぞ』と」（前出・飯山氏）

温厚で有名な内村光良が、唯一恐く思えるのが、この瞬間であるという。

今一度、あなたが所属している職場やプロジェクトを思い浮かべ、そこにいる人、ひとつ先にいる人、もっと先の人を含めてみなが笑っているか、傷ついていないか、を自問自答してみてほしい。チーム員が負っている〝小さな傷〟を見逃さない、潰れる人をつくらないリーダーへの道は、すべてここからはじまる。

# 26 「人間」を否定しない

「誰かを傷つけることに敏感になる」こと、それは筆者が考える「潰れる人をつくらない」ためのはじめの一歩だ。しかし日々のチーム育成において、部下のパフォーマンスに対して、リーダーとして「指導」をしていくことは避けられないことである。

**内村はその際、「否定」「批判」「非難」といった行動を取らない。他人の落ち度を責めないし、怒らない。**

内村が自ら主宰するお笑いLIVE『内村文化祭』開催前日、本番で使用する動画素材を撮るうえで準備しておいてほしいと指示していた美術の小道具が現場になかったことがあった。「すみません、この動画で使う小道具ではなく、本番で何かに使うのだと思い込んでいたので、もう動画素材は小道具なしで撮ってしまいました」と青ざめて報告したスタッフに対して、細かく説明していなかった自分をとがめるように、そのスタッフを非難することもなく、内村はその場を去ったそう。

補足すると『内村文化祭』は内村がパフォーマーとして、クリエーターとして心血を注ぎ続けている〝非常に大事な仕事〟。その現場でのケアレスミスだけに、「使うって言ってあったじゃないか！」と内村が声を荒らげてもおかしくはない。しかし彼は、そんなことは絶対にしない。「だからメモを取ったらよかったのに」とクドクド責めるようなこともしない。「説明不足だった自分が悪い」とまずは考え、「ここで今さら何を言っても状況は変わらない」のだからと、相手を追い詰めるようなことは一切しない。

**ミスすら否定しない弱いリーダーが、統率など取れるものか？　ミスがミスを生む、ゆるい職場になってしまうのではないか。**そう思いたくもなるが、事実、内村の現場では、そうしたケアレスミスが連発することは少ないというから驚く。

「おそらくミスをしてしまったスタッフが、『二度とこんなことはないように』と気を引き締めるからではないでしょうか。叱られなかったけれど、次はやらないようにしようと、周りの人が自主的に直していくんですよね」（前出・松本氏）

まさに童話「北風と太陽」でいうところの、太陽のような対応。そもそも北風のような対応、**ようは「怒る」というやり口は、やり場のない感情を発露させることであり、上司側が下のものに「圧力」を与えて言うことを聞かせようとする行為**にあたる。

怒ったからといって、生じている事態の根本的な解決につながるものではない。それどころか怒られた側は萎縮し、理不尽に感じたなら不満を感じモチベーションを低下させ、双方ともに嫌な思いをするだけ。部下を非難し責めることで、リーダーの一時の感情のはけ口になり、その場しのぎで部下に緊張感は芽生えるかもしれないが、本当の意味での成長につながっているかと言えばそうとは言えないだろう。そしておそらく、ミスをした側には、彼や彼女なりの言い分や主張がある。

1937年に上梓されて以降、世界中で1500万部以上を売り上げている自己啓発書の先駆け、『人を動かす』（デール・カーネギー著）においても、出だしで「盗人にも五分の理を認める」として批判や非難をやめるよう、リンカーンやセオドア・ルーズベルト大統領、マーク・トウェインのケースを引き合いに切々と説いている。

**もしミスを犯した部下がいたとして、彼の能力を「否定」し、彼の行動を「批判」し、「非難」したところで、本人の意識が変わらなければ意味がない。**内村はそのことを本能的に理解して振る舞っているのではないか。

とはいえ内村もミスに対して、穏やかに改善を求めたり、指導をしたりすることはあるという。ただし――ここがとても内村らしく、そして参考にしたい部分だが――**ミスをした人の「人間性」を否定することは絶対にしない。どんな相手であろうと、立場に関係なく他者を尊重するのである。**

子どもの頃から内村をよく知る、内村宏幸氏も、

「人と揉めたとしても、**揉めている相手のことも最後には〝あいつにはあいつの考えがあるから〟とかばう**というか、擁護するんです」

と漏らす。徹底的に他者を尊重する内村の姿勢は、仕事においても同じ。仮に仕事ができない相手でも、ミスを重ねる部下でも、その人の「人格は別物」であり、仕事という一側面ですべてを評価をするのは間違っているという考えだ。

「内村さんは、例えば、**ある人がその現場でパフォーマンスが発揮できなかったとし**

**ても、その現場には合わなかったかもしれないけど、その人がダメだっていうことは言わない人**です。それは、所詮、仕事というものはその人の〝一部〟でしかなく、その人の人間としての価値と、仕事場でのその人の働きは、別にイコールではない、と捉えているからだと感じます」（前出・松本氏）

**同じ職場などでパフォーマンスが発揮できない人材がいる場合、私たちはすぐ「あの人はダメな人だ」と、その人間としての資質に直結させて判断してしまいがちだ。**

かくいう筆者自身も同じように考えてしまった経験がないかというと嘘になってしまう。そのような価値観は、「仕事＝生きがい」と考えているタイプの人に多いと思われる。

しかし考えてみてほしい。あなたは仕事において関わる大勢のメンバーが、それぞれどこで生まれ、どのように育ち、普段どんな生活をしているのかを知らないだろう。

例えば、仕事の要領が悪いように見える部下も、家庭では面倒見のいい最高のパパかもしれないし、みながあっと驚くような特技を持っているかもしれない。あなたは日々、その彼の「仕事」という接点だけを見ているに過ぎない。要するに**「はたらく」という要素は、私たちの人生における構成要素の「所詮一部」に過ぎない。**

繰り返し述べるが、「仕事」という現場での働きと、人間としての能力や魅力はイコールではなく、**リーダーが後輩や部下の仕事面だけを見て、その人の人間性を否定する権利は毛頭ない。**他者に敬意を払うという基本をあらためて見直したい。

ウド鈴木氏は、どんなときも自分のことを「否定」せず受け入れてくれた内村のことを、こう語っていた。

---

「チャンスを与えてもらうんですが、私自身、〝ウドの大木〟という名前の由来から分かると思うんですけど、何もできないんですよね。スポーツも楽器もそうです。できないんですが、内村さんは責めたり、非難したり一切せず、『頑張れ』と言い続けてくれた。人生、できないと諦めてきたことばかりでしたけれど、諦めないでやることの、ダメでも頑張ることの清々しさというか、生きる喜びっていうのを教えてくれたのが、やっぱり内村さん、そして南原さん、ウンナンさんだと思います」

**リーダーはその育成において、部下のパフォーマンスと人間性を重ね合わせることを決**

**してせずに、仕事のパフォーマンスに対する「改善」と「指導」のみに徹する。**それがチームから脱落者をつくらない未来へとつながっていく。

## 27 「みんなの前」で指摘しない

前項で解説したように、仕事において誰かがミスを犯したり、パフォーマンス不足であったりしたとき、「否定」「批判」「非難」といった行動は無益でしかない。この項では一切何も言ってはいけないかというと、そうではない。この項では、仕事のパフォーマンスに対する「改善」や「指導」を愛情をもって行う上で、重要な技術についてお伝えしたい。

**「潰れる人をつくらない」コーチングにおける指導のポイントとして、「みんなの前で指摘をしない」というアプローチを内村は実践している。**

内村と公私ともに30年以上の付き合いがある、ケイマックスの代表取締役社長・工藤浩之氏も、

**「彼はみんながいる前で一人を攻撃するようなことは絶対しない」**

と断言する。

「出演者がいっぱいいるところで、スタッフにダメ出しや注意をしたりはしません。あとでご飯を食べながら、あのときはああだったんじゃない、とそっとそのスタッフに言うかもしれませんが、その場でみんなの前ではダメ出しししない。内村さんのそういうところ、尊敬します」

仕事において誰かがミスを犯したり、パフォーマンス不足であったりしたとき、私たちはどうしても、その瞬間の感情に乗せ、「その場」で指摘をしてしまうことが多い。しかし「その場」には本人だけではなく、他の同僚や後輩がいる場合がある。

**そのような状況は、指摘をした相手に対して、「羞恥心」という、〝指導とは異なる罰〟を与えてしまうことになる。**

よくドラマなどでも、過去に恥をかかされた人間が相手に復讐をするように、**「羞恥心」は「憎しみ」という感情を育てる。そして、この憎しみという感情は、信頼や愛着といった感情をエンジンとする、人を動かすチームづくりにとっては全く逆行するパワーになってしまう。**

もし、あえて周囲に人がいる前で部下を指導して、「こんな恥ずかしい思いをしたくないから、もう同じ過ちをしない」と思わせようとしているリーダーがいたら、即刻そのアプローチをやめることをお勧めする。

支持されるリーダーはその場の感情をぐっとこらえて、部下と二人きりになったときにしっかりと指導を行う。実にシンプルなことであるが、受ける相手側にとっては非常に大きな違いである。

そしてその際も、自身の感情に乗せて責めるのではなく、**改善すべき点、改良を求めたい事実のみを毅然と「指摘」することが重要。**事実を事実として伝えるのみで、それ以上の「否定」は包含しない。**これであれば指摘された側も、「誤り」を「誤り」としてシンプルに認識でき、それ以上の落ち込みや反発といったマイナスの感情が芽生えることなく、「改善」すべき点が理解できる。**

この「みんなの前で指摘しない」という手法の習得には、多少なりとも訓練が必要かもしれない。だが逆にいうと、訓練次第で取り入れやすい方法だともいえる。

**またせっかくなので、内村式コーチングの奥義「笑いをまぶす」についてもお伝えしたい。**

舞台の稽古場など、みんなの前で「指摘」しなければいけない場面が内村にも時としてある。『ハンブン東京』などの舞台を内村と制作してきたアタリ・パフォーマンスの白石千江男プロデューサー曰く、そんなとき、内村は、「チームリーダーっぽい」芝居をするという。

「時々冗談で、みんなを引っ張っていくような人間の芝居をして、次に進めるようなことをやっていた記憶があります。コントのキャラクターになってみんなを引っ張っていく、部下を引っ張っていくようような。怒るときも、キャラを演じながらやってるから、**多分、俺に言っているんだろうなっていう人間も、笑いながら反省する。だから痛めつけられずに復元する**」

まさに、ショートコント「リーダー」の開幕である。**つまり、どうしても公の場でチーム員を指摘しなければならないときには、内村は「笑い」を〝緩衝材〟として使い、指摘された相手を真剣に追い詰めないように気持ちの〝逃げ道〟を残すのだ。**

たとえば内村は、『男はつらいよ』の寅さんや『3年B組金八先生』の武田鉄矢氏のモノマネを得意としており、そのような口調でなされる内村の指摘が軋轢《あつれき》を生みにくいことは、想像に容易い。

内村にとっては容易くとも、我々一般人にとってこの技術の習得は難しいと身構えてしまっているかもしれない。だが外資系企業で働く知人の話では、アメリカでは「ユーモア」は「余裕」を意味するそうだ。リーダーたちはスピーチにユーモアを巧みに取り入れるよう努力を重ねるという。

私たち日本のリーダーもぜひ、部下や後輩たちへの指摘や指導を「ユーモア」を持って包み伝えていく技術を、積極的に習得していきたい。

# 28 「仕事人」の前に「人間」でいる

ここまで、「人を傷つけることに敏感になる」「人間を否定しない」「みんなの前で指摘しない」という、内村流の考え方で新解釈した「潰れる人をつくらない」コーチングについて解説してきた。

最後に挙げるのは、それらの〝根底〟ともなるスタンス。

**現場で関わる演者やスタッフに愛され、チームメンバーを一つに巻き込んでいく内村が、ビジネスにおける、いわゆる普通のリーダーたちとは異なる点、それは彼がどんな現場においても、「仕事人」でいる前に「人間」でいることが大きい。**

これまでのエピソードにあったように、バラエティ番組で電気ショックの罰ゲームがあれば、収録後に「あの子はケガしていないか?」と心配し、イルカと触れ合うロケが台風で直前で飛んでしまっても「イルカは大丈夫なの?」とまずイルカのことを想う。

一見当たり前のことのように思えるが、もしそれが自分の番組ともなれば、「あれはウケたのか?」「それでロケはどうするのか?」など自身に降りかかる影響について、何よりまず直感的に気になってしまうもの。

にもかかわらず第一声がそうならないのは、内村が優しい性格をしているという理由からだけでなく、彼が現場において、「仕事人」の前に、常に「人間」としての意識を忘れていないからに他ならない。

そしてこの「人間」でいるということには、子どもの頃に誰しもが教わってきた、人として身につけておくべき振る舞いを、当たり前にできることも含まれる。

「お願いする時は、ちゃんと『お願いします』と人に正しくお願いする。相手が嫌な気持ちにならないように、相手を尊重してお願いする。『ああ俺のためにやってくれてありがとう』と、そこにいつもちゃんと感謝がベースにあるんです。**『ありがと**

**う』『ごめんなさい』が誰に対しても言える方です」**（木村多江氏）

---

「ロケ弁を『ああ、うまいうまい』と食べるんですよ。すごく感謝して。日々、ロケ弁を食べる機会もすごい多いと思うんですけど、そのロケ弁にも『ああうまい、うまいなあ』と美味しそうに食べて『ごちそうさまでした』と最後に蓋を閉めるわけです。食べ物だけでなく、天気にもなんにでも常に感謝されている」（ウド鈴木氏）

---

「ロケ弁」といわれてもピンと来ないかもしれないが、内村にとってのロケ弁は、ともすると連日複数回、30年以上にもわたって食べ続けている食事だ。社員食堂やコンビニのパンやお弁当に置き換えて想像してみてほしい。勿論、美味しくありがたくいただくが、それが毎日ともなると、目の前に作ってくれた人がいる家庭での食事と違い、あらたまって「ああ、うまいなぁ」などと感想や感謝を述べることを失念しがちではないか。

ウド鈴木氏曰く、

---

「番組でもないところで、〝美味しい〟を日常でちゃんと言葉にして食べる人って、

あんまりいない」

そう。いかなる場面でも感謝の心を忘れない内村の人間性が垣間見える。

**私たち社会人は、一度、「仕事スイッチ」が入ってしまうと、知らず知らずのうちに「仕事人」としての価値軸で物事を判断し、行動してしまう。**

例えばもし、部下が大事なプレゼン資料を持ってクライアントに向かっている途中で体調が悪くなり、駅の医務室に運ばれたとする。その時、通常のリーダーの頭の中ではまず、「その資料をどのように届ければいいか？」ということが先に頭をよぎってしまうかもしれない。

ここではその人間性を否定したいのではなく、**仕事人でいる時の私たちは、もし何かのトラブルが起きたとき、まず「目の前のビジネスが大丈夫なのか」をおのずと考えてしまっていることに気づくこと**が大事なのだ。

もしこれが、休日に友人が手作りの〝アップルパイ〟を運んでいたらどうだろうか。アップルパイなどはそっちのけで、友人が大丈夫なのか、どんな容体なのかしか気にならないだろう。

**「仕事」というスイッチが、人の価値軸をいつの間にか変えてしまうのだ。**

また感謝や謝罪も、立場ゆえに生じるプライドが邪魔をしてか、効率を優先し省略化してしまうのか、自然と出し惜しみがちになる。内村のように、常に当たり前に「人間で居続ける」のは、ビジネスの中では実は尋常ではないことなのだ。

リーダーが組織においても「人間」としてごくごく普通の意識や行為を、「仕事人」として実践することは、部下からの尊敬と信頼へとつながる。そしてそれはやがて、チーム員の意識の中にも浸透していく。

**チーム全体が「人間」として居続けられる職場は、「健全」である。**この健全さこそ、チームから潰れる人を出さない、現代の組織が失ってはいけない重要なファクターといえる。

## 第4章

# 自己マインド／パーソナリティ

# 「自己成長を求め続ける」マインドサイクル

第1章では「リーダーシップ」を、第2章では「チームマネジメント」を、第3章では「コーチング」という視点から、内村式のリーダースタイルがいかにチームのモチベーションを創造していくのかについて解説してきた。

最終章である第4章では、ここまで解説してきた内村の人格や姿勢をつくりあげている「自己成長を求め続ける」マインドサイクルが、内村自身の中でいかに育てられているのかを分析する。

**人はある年齢に達すると、「成長し続けること」が難しくなってくる。**その気概があっても物理的に体力や知力が衰えてしまい、現況の自分をさらに〝進化〟させていくことは容易なことではなくなってくる。また若い頃と違い、経験や立場を手にすると、第三者から「指導」を受けることが少なくなるため、今の自分に何が足りていないかを自覚しにくくもなる。

しかし、**たとえリーダーという存在になったからといって、それはあなたの成長の「ゴール」ではない。**そこでさらなる成長を追い求め続けていかない限り、世の中はさらに進んでいき、周囲の進境著しい中、その先も「リーダー」という存在で居続けることは出来ない。

第4章の前半では、なぜ内村が56歳になった今でも、自ら成長し続けることに貪欲でいられるのか、その〝強靭なマインドサイクル〟を解き明かしていきたい。

# 29 自らが「ドM」である

**内村は、常に「内村光良」自身に満足していない。**それはまるでアスリートが0・01秒でもタイムを縮めようと延々と努力を重ねるように、常に「芸人」としての成長と進化を自分の中で追い求めている。

それは彼の意識の中に、「自己成長を求め続ける」マインドサイクルができているからだ。

なぜ内村は、自分自身に挑戦を課すことを未だにやめないのか。関係者たちの証言から推察するに、**その並外れたストイックさ・貪欲さの謎を解明するキーワードは、「ドM」という気質につきそうだ。**

「普通は笑いって、ある意味鮮度が大事だったりするんで、何度も稽古をすればするほど芸人さんも飽きてくる。でも内村さんは、驚くほど稽古をするんですよ。鮮度とか通り越して、稽古の向こう側で笑いを勝負しているみたいな。**あれだけ自分を追い**

**込むっていうのはホントMなんでしょうね（笑）**」（前出・片山氏）

「やっぱりドMなんですよね。それは結構でかい話だと思います。本当にドMな人だから、なんだろうなあ、**自分に負荷がのしかかればのしかかるほど、頑張れるタイプ**なので。ロケもきつければきついほど、おもしろくしてくれる」（前出・古立氏）

「グアムロケのホテルでも、空き時間はプールサイドに行くことなく部屋で黙々と書き物をしてました。遊びたい気持ちとやらなきゃいけない気持ちだと、やりたい方が勝っちゃうんでしょうね。いつもドキドキしていたいんだと思います。別にそんなことをしなくてもいいのに、苦しい方に苦しい方に行く。**苦しいことが好きなんだと思います****ね**」（前出・大の木ひで氏）

「追い込む」「負荷があるほど頑張れる」「苦しいことが好き」という、この〝ドM〟気質が内村を自己成長の無限ループへといざなっている。

そんなドMな内村の口癖の一つに、「あと1回いいですか?」というセリフがある。
ウド鈴木氏が、

**「内村さんはたとえ失敗したとしても、それを笑いに変えながら、『いや、もう1回』って言うんです」**

と教えてくれた。
『イッテQ!』での大車輪や跳馬ロケも、『内村文化祭』でのピアノ演奏も、チャレンジに失敗したあと、確かに内村は「もう1回」と口にしていた。ウド氏はそんな内村を見ていると、成功することだけがすべてではないと痛感するという。

「はたして自分はやると決めたことに一生懸命取り組んだかと、自分自身に問いかけているように感じます。内村さんはきっと、**失敗という結果が出ても、『自分がどれだけできるか』っていうことも楽しみにして物事に取りくんでいるんでしょうね**」

有り体に言えば、結果より過程を重視している、ということだろうが内村の場合はそれとも違う。彼は、純粋に誰よりも自分が「自分の限界」を見たいのではないか。

自分の目標を自分で設定できる人間は強い。**他己評価ではなく、自己の求める笑いに近づくために、自分自身を追い込み続けられる〝ドM人間〟内村は、まさに自己成長因子の塊のような存在だ。**

しかもそれが仕事のみに限定されるのではなく、プライベートでも同様なのだと、内村とたまたま同じジムに通っているという女優・木村多江氏は驚く。

---

「トレーナーさんが教えてくれたのが『そろそろ終わりにしましょうか？』と言うと、必ず『そうですね、じゃあ、あと1回』と言うらしいんです。終わりにしましょう、と言われてもそこで素直に終わりにしない。ベンチプレスでもなんでも、**苦しくてもプラスしたいと、もう一声頑張る貪欲さがすごいですよね。**私は言われたら、はい、って、終わりにしちゃうんですけど（笑）」

大きな目標を掲げ、その実現のために自らを追い込むことができるのは、日々の小さなことでさえ「もう1回」の意識を持って努力し続ける、その姿勢があってこそなのかもしれない。日常でついつい自分を甘やかす癖がついてしまっていては、大事な局面において「もう1回」と粘ることはできないだろう。

**この「自らがドMで居続けられるか否か」は、あなたが良きリーダーとして成長できるか否かの大きな分かれ道となる。**「自分に満足をしない」と言ってしまえば簡単なことであるが、リーダーはそのスタンスをいかに長く続けられるかが求められる。

### 「もう1回いいですか?」

まずはこの口癖を真似るところから、マインドセットをぜひ始めてみたい。

そしてこの「自らがドMである」というマインド姿勢は、次の項で後述するもう一つのキーワードと表裏一体の関係になっている。

# 30 自らに「ドS」である

**「自らがドMである」と同時に、よきリーダーには「自らにドSである」ことが求められると筆者は考える。**

この両マインドは「表裏一体」の関係であり、自己成長の好循環を生み出すために不可欠な要素だ。

**「もう1回いいですか？」と並ぶ内村の口癖が、「俺はまだまだだなあ」というセリフだ。**

彼は、誰かの才能や努力を目にするたび、「俺はまだまだだ」と口にする。例えば、自分が思いつかなかったようなネタをやる若手芸人を見たとき、アイドルのすごいパフォーマンスを見たとき、同世代のさらなる活躍を見たとき、内村はポロッとそうつぶやく。自分の芸能界における今のポジションに関係なく、彼は未だにこんな言葉を発して周囲を驚かせる。

20代から内村のヘアメイクとして各種番組に関わる大の木ひで氏は、『内村さまぁ〜ず』

の収録中、若手芸人からの質問に対する内村の回答に、一瞬耳を疑ったという。

「若手芸人が、『内村さんはMCもやって紅白の司会もやって、悩みなんか何もないですよね?』と質問したんですね。そうしたら内村さんが、『**どうやったらもっと売れるか、毎日悩んでいる**』と即答したんです」

どこから見ても内村はすでに〝売れている〟。だがさらに売れるにはどうしたらいいかに日々、頭を悩ませているという。

後輩芸人である塚地武雅氏も、そんな内村を横で見ていて、

「内村さんはあのキャリアになっても全然満足していなくて、もっとウケたいとか、これまでやったことがなくてウケるかどうかわからないことにチャレンジしたい、という欲があるのを感じる」

と言い、前出・飯山氏は、

「自分で少しずつ、高跳びのバーを上げてっちゃうんですよね。ここを跳べたら、じゃあ上に行こう、で、どんどん上げて行く」

と舌を巻く。

伝説のバラエティ番組『ウリナリ!!』の演出を務め、内村といろんな企画で苦楽を共にしてきた工藤浩之氏は、**そんな内村を、『ひとりSM』をしているようなもの、と指摘する。**

「『ウリナリ!!』のドーバー海峡横断とかもそうですが、昔から自分で立てた目標のために自らを追い込むのが好きなんでしょうね」

ご存じない世代の方のために補足すると、内村は、1999年、日本テレビの『ウリナリ!!』という大人気番組内の企画で、ウド鈴木氏、よゐこの濱口優《まさる》氏、堀部圭亮《けいすけ》氏、元テニスプレイヤーの神尾米《よね》氏、日本テレビアナウンサー・藤井貴彦氏らと、イギリスとフランスを隔てるドーバー海峡のリレー横断を達成し、チャネルスイマーに認定されている。潮流が速く水温も低いが、ウェットスーツの着用は認められていないため、タレントが番組企画で挑むには過酷すぎるチャレンジであり、当時、低温の海水で体温を奪われ、明らかに限界を超えた形相で顔面を真っ白にしながらも泳ぐことをやめない内村たちの雄姿に、視聴者は釘付けになった。

**「たぶん直感で、〝いじめられている自分〟が見えているんだと思います。もはや『ひとりSM』している感じですよ（笑）。**自分で自分を追い込んで、ひたすらそれに自分で応えているという」（工藤氏）

確かに内村の意識の中には、「自分はまだまだダメなんだ」「自分はもっと頑張らなきゃいけないんだ」というMの人間性と、「次は自分にこんなチャレンジを課してやろう」「もっともっと自分ならできるだろう」というSの人間性が混在しているように思える。つまり、**常に自らの成長を欲するドSの人格が、それに見合ったチャレンジをドMの人格に課すという、〝成長の最高循環〟を自らの中に内包している。**

この内村のマインドサイクルは、ビジネスの現場において、とくにある一定のポジションにいる人間にとっては重要な意識であると考える。

なぜなら社会において、**人は年齢や地位が上がってくるにつれて、徐々に「叱ってくれる存在」「戒めてくれる存在」がいなくなってくる。**

誰もが新人の頃は、同じ部署にいる社員のほぼ全員があなたを「叱ってくれる存在」であっただろう。しかし徐々にそのポジションが上がり、部下や後輩の割合が増えてくると、あなたの周りにその役割を担ってくれる存在が少なくなってくる。

ようは、若い頃は成長というものを周囲から半ば強制的に求められるのに対して、上司となった人材は、自分自身でその尻を叩いていかなくてはならなくなる。

女優・木村多江氏は、内村を「自分で自分を叱って、自分を律して、叱咤激励している」と評すとともに、その背後にある確固たる〝自己の物差し〟に感服したと語る。

「『いや俺はまだまだだなぁ』とご本人はよく言っているけど、私からすれば『いやもう充分ですけれど』と（笑）。でも本人にとって他人の物差しは関係ないんでしょうね。年齢やポジションがあがると、怒られなくなってくる。だから余計、**自分に対して厳しい物差しを持ち続けないと、成長できなくなってしまいます。**内村さんはその物差しがしっかりしているし謙虚です」

30代であれば、まだ他人から指摘を受ける機会も少なくなく、さらに他者の価値観を受け入れる柔軟さもある。だが40代、50代に入ってくると、他者から言われなくなると同時に、自分の価値観の物差しもよく言えば非常に明確に、悪く言えば頑固になってくる。

その「自己の物差し」がどれだけ謙虚で、どれだけ自分に厳しいものかが、その人の分かれ道になるということ。傲慢さが出てしまう人なのか、謙虚で居続けることができるのか。己が「今のままでいい」と思ってしまえば、そこで成長は止まってしまうことだけは明白である。

だからこそ、自らに「ドS」でいられるリーダーを目指し、現在進行形での成長を自らに課し続けなければならない。内村はそれを無意識的に実践している人間なのだ。

**そしてこの「ひとりSMをしている」リーダーの姿は、その背中を見て学ぶという意味**

で、**同じチームで働く部下や後輩にも大きな影響を与える。**

映画『ボクたちの交換日記』でチーフプロデューサーを務めた関西テレビ・重松圭一氏は、内村と相対する際の正直な想いを口にしてくれた。

「例えばご一緒した企画が大成功しても安易に『パート2作りましょう』とは口が裂けても言えない。あの向上心を前にするとね、**内村さんには絶対、明らかにステップアップしたものを提案しなければと思ってしまっているん**ですよ。内村さんに、その程度の人間だと思われたくない、という気持ちが常にあって……自分はその程度の人間なのに必死になって背伸びして対応しているというか」

あくまで内村の「ひとりSM」は自身の成長のための〝セルフプレイ〟だ。しかしその確固たるマインドサイクルが、周囲を刺激し、ひいては周囲の成長を促し、チーム全体を高いレベルへといざなう。

# 31 「過去の功績」を忘れる

「過去ばかり振り向いていたのではダメだ。自分がこれまで何をして、これまでに誰だったのかを受け止めた上で、それを捨てればいい」

これは、アップル創業者、スティーブ・ジョブズの言葉。

「常に自らの成長を欲し、それに見合ったチャレンジを自分自身に課す」という「ひとりSM」をしている内村。彼のマインドを語るうえで欠かせないのが、このジョブズの言葉に相通じる、**栄光や賞賛といった「過去の功績を忘れてしまう」というスタンスだ。**

勿論、本当に記憶から消し去ってしまっているわけではない。だが目に見えて内村は、自分の過去やそれに付随する功績に興味がなく、傍目に、あたかも忘れ去っているかのように見える。

**内村は「むかし俺はこんなことをした」「あの時代はこうだった」といった、よくある自慢話をしない。そもそも過去の自分を語るということをあまりしない。**

そのため、内村と仕事をともにする若手俳優や若手タレントの中には、内村の過去の実績を知らない人間も多いという。

『LIFE!』で内村とともにコントに挑戦し、NHK『夜の連続テレビ小説 うっちゃん』で若かりし頃の内村光良役を演じた俳優の中川大志氏も、やはり生まれる前の内村の活躍を知らなかった一人。演じるにあたり内村の経歴をあらためて調べ、「こんなにすごい方だったのか！」と瞠目《どうもく》したという。

---

**「たまたま飲み屋で出会った人と仲良くなって、大好きになったら、その人が帰った後に、実は大スターだったことを知るみたいな感じです（笑）。**もちろん以前から尊敬はしているんですが、内村さん自身、過去のことをまったくお話しにならないので……過去の実績をおくびにも出さなかったことも含めて、かっこいいというか、知ってしまったらより一層尊敬してしまいますよね」

リーダーに選出された者たちであれば、きっと周りに伝えたくなる経歴を数々手にしていることだろう。「会社一の売り上げを達成した」「大ヒット商品をつくった」「たくさんの賞をもらった」などの実績を買われ、リーダーの座を託されているのではなかろうか。

だが本書を読んでいる皆さんには、請われないかぎりは、いや、請われても、自分から「過去」に言及する行為は止めることを提案したい。それどころか、**あなたが何かの成果を達成した瞬間から、その実績を忘れてしまうことが間違いなく好ましい。**


人は年齢を重ねるにつれ、若い世代に対して、ついつい「過去」を語ってしまいがちになる。生きている年数に比例して経験は増すからただでさえ語れるエピソード量は増えていくし、せめて自慢話はしないよう留意していても、良かれと思って、「自分の失敗談を、若い世代の参考にしてほしい」と披露してしまう。だがそれも、時代が違えば参考にならないことも多く、失敗談に「大変だった自慢」の側面があることは否めない。

そして昔語りが出てしまう背景に、自分という存在を見直してほしい、もっと敬意を示してほしい、という欲求がないとは言えないだろう。

だが仕事関係において、相手の尊敬や信頼を勝ち取るために、過去の実績や功績を振りかざすことは、表面的で、かつ一時的な効果しか生み出さない。なぜなら、**あなたがかつてどのような成果をあげてきたか、あなたが以前いかに激務を乗り越えてきたかは、いま**

**仕事を共にする、目の前にいる人々には関係がなく、実力のメッキは現在のパフォーマンス次第ですぐに剥がれてしまうからだ。**

『ＬＩＦＥ！』の総合演出・西川毅氏が、内村が過去の実績に関心がなく自分から語ろうとしない理由を推察してくれた。

「最近思うのは、これだけいろんな良いコントを撮ってきても、過去が本当に意味をなさないんですよね。**今この瞬間におもしろいことをできないと、つまらないと判断される仕事なので。**内村さんもそういう過去の栄光が今の自分に対して何の働きもなさないっていうことを、本当の意味で理解されているんではないでしょうか」

お笑いの世界は、他の仕事よりもとくに「過去」が意味を持たない世界なのだとは思う。一方、一般企業では、過去の実績がものを言うこともある。しかし、それは本質的な意味をなさないことが多いのではないだろうか。

おそらく、それはいかなる世界、業界でも同じ。**過去にどれほど功績があろうと、〝現**

**時点での能力〟がリーダーにふさわしいものと認められなければ、本当の意味での尊敬の対象にはなりえない。**

女優・木村多江氏は、「過去」は「肩書き」とも結びつくとしたうえで、内村をこのように讃えた。

「人は肩書きに左右されがちです。先生と呼ばれたら先生っぽくなったり、社長と呼ばれたら社長っぽくなったり。内村さんは常に『肩書きがない自分』を磨こうとしている気がします。過去の実績がつくった肩書きがあってもそれに乗っからず、いつも裸のままの内村光良で頑張るんだ！と」

---

**リーダーは部下と向き合うとき、「過去」の自分という幻影をまとわずに、常に「現在進行形」の自分でぶつかり合うべきなのだ。**

そして、今の自分がリーダーとしてチームから信頼を得るに値する存在であるよう、現在進行形で努力していく。その思考が、自己成長をいつまでも追い求めようとするマインドサイクルをつくる近道となっていく――。

「内村さんは過去に興味がない。そんなことより、新しいことをやっていこうとする。だから賞味期限が切れない感があるのではないでしょうか。常にアップデートされて、新しいことに挑戦しているから、いつまでも現役でいられるんでしょうね」（前出・木月氏）

このように、**「過去の功績を忘れること」は、「自己成長を追い求める」マインドサイクルを育てるために極めて重要なスタンス**であり、人生100年時代において、「生涯現役」を目指すビジネスパーソンたちが参考にすべきヒントがここにあるといえよう。

# 32 「俺は」でなく「俺も」思考

ある時、スタイリストの中井綾子氏が内村に、「内村さんは嫉妬しないんですか?」と問いかけた際、内村は一瞬きょとんとしたのち、「しない」と答えたという。内村にとって「嫉妬」は甚だ無縁な感情らしい。

**嫉妬しない内村マインドの根底にあるのが、「俺は」という利己思考ではなく、「俺も」という「利他+利己」の思考。**

様々な大ヒットバラエティ番組を35年以上にわたり手掛ける番組制作会社ケイマックスの飯山氏は、お笑い芸人の世界も弱肉強食であり、どうしても「アイツより売れたい」とか「周りになりふり構わずに売れてやりたい」と思ってしまう時期がある、としたうえで、内村のその特異性は、妬みや嫉《そね》みという感情がもっとも色濃いはずのデビュー当初から、利他+利己のマインドを持っていた点だと語る。

**「内村さんは昔から終始変わらず『俺も売れたい』という発想の人**です。誰が売れていようが、それはすごく良いことだねって素直に心から思っていて、『じゃあ俺も売れよう！』と考える。逆に言うと、ずーっと焦っているんじゃないでしょうか。周りのみんなのおもしろさを感じるたびに、常に『俺も頑張らなければ！』と奮起している」

先に言及したように他人のパフォーマンスに素直な内村は、自分以外の誰の活躍に対しても、「活躍できてよかった！」と本心で賞賛し、同時に「俺も活躍したい！」と奮い立つ思考の持ち主だ。

たとえば前述した内村の口癖である「いや俺はまだまだだなぁ」。この言葉も、内村が同世代や若手の活躍に対する嫉妬心、ライバル意識から発しているのではなく、自らにドSな内村が、他者と切り離した〝自分自身〟に対して放たれているもの。

それは他者との会話ではなく、完全なひとり言であり、「まだまだ自分も頑張らなければならない」「自分もきっともっとできる」といった、他者の活躍に刺激を受け、自らを叱咤するニュアンスが含まれている。それが強い自己成長欲へとつながっている。

このように内村の自己成長因子は、**自分だけ周りから抜きんでたいという「俺は売れたい」思考からではなく、自分もあんな風になりたいという「俺も売れたい」思考から萌芽している。**

すぐにでも習得し取り入れたい考え方だが、**この内村式の「俺も」思考を妨げるのが、「嫉妬」という実に厄介な感情である。**

組織の中で働く人間には、ともに働く同僚・後輩・上司に対して、大小を問わずに競争心からくる「嫉妬心」というものが常につきまとう。リーダー同士比較され、横並びで結果を引き合いにされてしまえば、意識したくなくてもどうしても芽生えてしまう感情だろう。

**この嫉妬心というものは、いわば〝魔物〟だと考える。**

それは、人を突き動かす「原動力」ともなるが、ときに自己が正常なパフォーマンスをすることを妨げる「障害」ともなってしまう。嫉妬心に支配されることは、他者のパフォーマンスに正当な評価を下せない事態を招いたり、自分とは異なる成功アプローチを否定したりすることにもつながりかねない。

つまり、この嫉妬心をどううまく取り扱うかが、「俺も、俺も」思考の最重要ポイントといえる。


冒頭の中井氏からの問いに対し、内村は「嫉妬しない」と答えたが、内村が無自覚なだけで、内村の中にもこの「嫉妬」心は存在していると筆者は考えている。

ただし内村の場合、その対象が他者ではなく、「過去の自分」もしくは「なりたい自分」に向いている。

以前、テレビ番組で、共演者が「ポケビ（ポケットビスケッツ）大好きでした！」と内村に伝える場面を見たことがある。視聴者からの声の紹介でも同じようなやり取りが何回か繰り返されたのち、内村が「俺の代表作はポケビなんだな。俺はあの頃を、今も超えられていないということ。もっと頑張らなければいけない」と笑い交じりでコメントしていたのが非常に印象的だった。

**自己成長を求める内村にとっては、「過去の自分」「こうありたいと思い描いている自分」が、〝現在の自分のライバル〟なのがよくわかった瞬間だった。**前項で内村は「過去の功績を忘れる」と明示したが、その「過去」が、ライバルとしてだけは存在を許されている。

中井氏も内村と仕事を重ねるうち、それを理解したという。

「内村さんの最大の強みは、ご自分に与えられた課題に一直線に向かっているシンプルなところだと思います。『嫉妬しない』と聞いたとき、そんなことがこの業界であり得るのか？と信じられませんでしたが、今はご自身でご自身に課す課題こそが内村さんの最大のライバルなのだなと理解しました。他人を羨んだりする暇がないくらい集中して仕事に取り組まれています」

---

このように**「自己成長を求め続ける」マインドサイクルをつくるためには、自分の勝負相手を、「他者」ではなく、常に「自己」に設定することが重要となる。**

他者へ嫉妬心を向けないスタンスは、まさしく第3章で解説した「他人のパフォーマンスに素直である」ことに密接に相関している。

その意識を育てることで、自然といらぬライバル意識の代わりに、成功のために自分がやるべきことに気持ちが集中するようになる。他者が勝負相手として気にならなくなれば、「俺は売れたい」思考ではなく、「俺も売れたい」思考が、自然と自身の中に育っていく。

さらにこのマインドサイクルは、自己成長という点だけではなく、チームマネジメントの観点においても大きな効果を発揮する。

なぜなら**「他者を賞賛しながら、その高みに自らも近づこうと努力する姿勢」をリーダー自身が見せることは、チーム間に生まれる〝余計な嫉妬心〟を抑制する。**その結果としてチームは、例えば、成功につながったヒントや技術をシェアし合ったり、自己犠牲を問わずに同僚に力を貸したりするようになっていき、「チームのゴール最優先」という利他＋利己マインドが自ずとそこに生み出される。

## 「隙」が「好き」をつくるパーソナリティ

本章の前半では、「自己成長」を続けるためのマインドづくりについて主に解説した。

本章の後半では、「好き」を生み出すという、より人間的な感情をつくりだすリーダーとしてのパーソナリティ像について話していきたい。

なぜリーダーとして「好き」という感情が必要とされるのか。筆者も以前は、リーダーにとって重要なのは、部下や後輩から「尊敬されること」だと考えていた。

だが内村光良という人間について、あらゆる角度から分析するうちに、**チームが自発的に考動する原動力として、「人として好きになってもらう」という、そのシンプルな感情に勝るものはないのではないか**と考えるに至った。

そしてチームのメンバーがリーダーを「好き」になるか否かのポイントは、リーダーが完璧であるかではなく、実は、リーダーに〝愛すべき弱点〟があるかどうかに拠るのだということが明白になってきた。これが、筆者が本書の中で繰り返し「リーダーは完璧でなくていい」と説いて来た根拠になる。

好きな人のためであれば、多少の辛苦も厭わないのが人間である。逆に言えば、好きまない相手のためには、何もしたくないのが本音だろう。

どうすればあなたが、「好き」と思われるリーダー像にたどり着けるのか。本書の締めとなる本項では、その要素を3つの視点から解説していきたい。

# 33 つっこめる「隙」がある

ここまで読み進めてきた読者の皆さんは、内村光良はさぞ「出来た人間」であろうと思っているかもしれない。

しかし、**24名にわたる関係者へのインタビューの中で、内村のことを「完璧な人だ」と述べた人は一人もいない。むしろその中で見えたのは、「内村＝隙がある人」という全く逆の一面だった。**

関係者の取材から出てきた、そんな内村の「隙」というキーワードを並べてみた。

---

「ふわっとした隙間があるというか。尊敬も感謝もするんですけど、こうつっこみたくなるような、からかいたくなるような隙がある」（ウド鈴木氏）

---

「内村さんは隙しかないいんじゃないでしょうか。あれだけの芸歴の方が、『イッテ

Q!』で大車輪や跳馬などものすごいことをやっているのに、総集編になると〝ホテルの電気の消し方がわからない〟みたいな箇所ばかりこすられる。そうやって番組からもいじられちゃうところとか、隙だらけだからですよね」（いとうあさこ氏）

「天然な部分もあるので、つっこみどころも満載。本当に隙だらけ」（工藤浩之氏）

これらは取材で出てきたやり取りのほんの一部にすぎない。「内村はどういう人か？」というこちらの質問に対して、**これまで内村のつくりあげるチームの素晴らしさを熱く語ってくれていた関係者が、ここだけは一様に口を揃えて、「隙がある人です」と答える。**

そして同時に印象深かったのは、笑いながら「いかに隙だらけか」を語る彼らから、内村への惜しみない〝愛情〟が溢れていたこと。

「そうやって隙があるから、人先輩にもかかわらず、いろんな世代の人が接しやすいのだと思います。それが人間としての温かみになっていて、この人の側にいたいなー

と思わせてくれる。程よく脇を開けてくださっているんでしょうね」（ウド鈴木氏）

「内村さんは確かに背中で語るんですけど、背中が見えているどころか、心模様までスケスケの時がある（笑）。そこがまた魅力なんです」（いとうあさこ氏）

「そこがわかりやすくて、いいんだろうね。みんなに慕われる点でもある」（工藤氏）

**「隙」が、「好き」になる。**これはただの冗談ではなく、内村の持つ「隙」は彼自身の非常に大きな魅力であり、周囲から「好意」を集める所以ではないか。

そこを言葉にしてくれたのが女優・木村多江氏だ。木村氏に内村はとどのつまりどういう上司かと尋ねたところ、**「つっこめる上司です」**と笑いながら答えてくれた。

一般的な上司は、自分は上司という立ち位置なのだから、部下たちには隙を見せないよう、完璧であろうと頑張っている。対して内村は、

「ちゃんと隙があって、その隙を見せてくれる。『そのままの内村光良』をさらけ出してくれるから、年下で後輩の立場も忘れてつっこめるし、そういうことも許してくれるから、ついていきたくなる」

のだという。

これまで本書で繰り返し、チームを動かすリーダーに「完璧さ」は必要条件ではない、と述べてきたまさに核心である。

第1章でも述べたが「人を動かす」とは、「人の心を動かす」に同義だと筆者は考えている。そしてその人の心を動かすトリガーは、内村の例が物語っているように、相手の完璧な姿ではなく人間的な姿にある。

だがきっと、リーダーに選ばれた方の多くは、若いころから優秀で、いい仕事を成し遂げようと完璧を目指し〝しっかり〟してきたのではなかろうか。だから**「隙」が重要であることは頭では理解できても、性格上、今さらどうにも難しいと思案にくれる人もいるかもしれない。**

意図的に出そうとすれば、それはあざとさになり、本人が気づかぬうちにのぞくからこその「隙」と乖離してしまう。どうしたら「隙」とうまく付き合えるのか。

**その1、決して取り繕わないこと。**

何も今から「人間性を変える」必要は全くない。それは土台不可能な話。ただ、**誰もが当たり前に持っている完璧ではない、人間味が垣間見える部分は〝あってもいい隙〟どころか〝あらまほしき隙〟なので、「隠さずに見せてしまえばいい」だけなのだ。**

普段は信頼のおけるリーダーなのに、「妻には全く逆らえない」「機械にめっぽう弱い」「怖がりでホラー映画が苦手」「休日の私服が極度にダサい」等々。このように「隙」とは実際のところ何でもいい。

「編集、ダビングの時だったかな。東宝の古い方のスタジオに行ったら、コンビニの明太子スパゲッティ大盛りを食べているおじさんがいたんですよね。一人で端っこの方で。……それが内村さんだったんですよね（笑）。映画監督で、テレビ・舞台と多方面で活躍されている方が、〝俺、これ大好きなんだよね〟って、明太子スパゲッテ

ィを隅っこで美味しそうに食べてる」（前出・映画「ボクたちの交換日記」プロデューサー・青木裕子氏）

そんな人間の持つ〝アンバランスさ〟が人間味なのであり、人が人を好きになる要素なのだ。

**その2、〝つっこみ〟に馴れること。**

上司にただただ隙があるが、誰もそのことに言及できない関係性では、部下や後輩は正直しんどい。**そこに「ちょっとちょっと内村さん！」というように、つっこませてくれる（＝指摘させてくれる）余地があるから、機能する。**

リーダーに「つっこめる」余地があるとは、リーダーにボケの要素があるということ。それを裏付けるように、フジテレビ・木月氏は司会者・内村の居方についてこう解説する。

「みんなを引っ張っていく司会ではなく、自らボケにいく司会で、それが可愛いんですよね。だから可愛い上司なんですよ。内村さんご自身がたどり着かれた、一つのお笑いのパターンかもしれないです。それがリーダーとしてのいじられやすさ、可愛らしさへとつながり、可愛げのあるリーダー像に至っているのではないかなと」

内村がどこまで自覚的に振る舞っているかはわからないが、内村の司会が共演者・スタッフのみならずお茶の間からも「好意を向けられる」背景には、この「つっこめる隙」が紛れもなく潜んでいる。

関西に転居し「つっこみ文化」を目の当たりにし、最初はどう反応していいかわからず固まってしまっていても、人は次第に馴れていくもの。部下たちからつっこまれたら、「チャンス！」と捉え、ぜひ前のめりに自らを馴らしていきたい。

そしてリーダーが周囲に見せるこの「つっこめる隙」が、本章でこれから解説していく、仲間からの「好き」という重要な感情を引き寄せてくれる。

# 34 「弱さ」を隠さない

内村は、誰もが持っている完璧ではない人間的な隙を隠さずに見せる。それは、前項で触れたつっこめる「隙」だけでなく、**ややもすると仕事に悪影響が出そうな「弱さ」すら、すべて見せてしまう。**

**内村が「人を動かすリーダー」たる所以は、人間としての「弱さ」が、ときに意図せずにその背中から垣間見えてしまうところにある**と筆者は考える。

『LIFE!』のコントの一環で、NHKで実際に放送される歌謡コンサートに、内村演じる売れない歌手が、飛び入りで本当に出演する企画があった。会場の観客はほぼ全員、その歌手のキャラクターを誰も知らない、完全にアウェーな状況。ステージに上がる前、袖で、内村は恐怖と緊張からえずきが止まらず、ハァハァ言いながらうろうろしていたという。

**「内村さんはちゃんと緊張するんです。あんまり言うと営業妨害になるかな、というくらい緊張する。**けれど歌いだした途端、会場を一瞬で味方につけて、歌い終わりは拍手喝采。あれだけえずいてた人が、ようやりきったなと。舞台袖で内村さんを見守るマネージャー役だったんですが、**本当に涙が止まらなくなって。この人はすごい、と心から感動しました」**（塚地武雅氏）

---

この話を聞いて筆者が一番驚いたのは、芸能界で長いキャリアを持ち、これまで多くの大舞台を経験してきたはずの内村が、**いまでも舞台裏では「ちゃんと弱い人間」であること。**

これまでのリーダーたちは、リーダーの仕事に対する不安やプレッシャー、緊張などが隠しきれずダダ漏れになってしまうと、部下や後輩にその不安が連鎖し、チーム全体の士気が下がるのではないかと考え、それをひた隠しにしようと強がり、虚勢を張ってきたのではないだろうか。

**だが実は、リーダーが全力を尽くし準備をしてきたうえで露呈してしまう弱さは、周囲の意識の中にリーダーに対する〝特別な感情〟をつくりだす。**

2011年、内村は一人舞台『東京オリンピック生まれの男』を上演した。その初日、楽屋でヘアメイクの大の木ひで氏が、内村にペットボトルの水を渡したところ、緊張から手が震え、床にポタポタ垂らしていたそうだ。完全な「一人舞台」は内村にとってそれが初めての経験であり、その尋常ではない緊張から起きたことであるが、大の木氏は大の大人が水をこぼす姿に、言葉では言い表せない感情に襲われたという。

**「この人に何をしてあげることが私にはできるんだろう?と。とにかく〝応援したい〟という気持ちが強く湧きました」**

舞台『ボクの妻と結婚してください。』で共演した女優・木村多江氏も同じ様な経験をしている。初日、最初に内村が舞台に登場し、その後、木村氏が登場することになっていたが、内村のあまりの手の震えに、木村氏は自らの緊張が吹き飛んだと。

「〝一緒に乗り越えましょう!〟という気持ちになりました。**内村さんの弱い部分を目にして、助けてあげたいというか、自分も最善を尽くすことで緊張をほぐして、一**

**一緒に乗り切ろう、と思いました」**

「完璧タイプ」のリーダーは一見、最強にも見える。だが、**リーダーが完璧な存在であればあるほど、部下や後輩をはじめ周囲の人間がリーダーにただ「付いていくだけ」という状況を作りかねない。**自分が頑張らなくても、リーダーさえいればこのチームは大丈夫だと思えば、人は無意識のうちにアクセルを緩め、必要以上にチームに対して貢献しなくなってしまう。

しかし、その人物が「弱さ」を持ちあわせた人間であれば、その周りにはおのずと「助けてあげよう」という〝幇助《ほうじょ》精神〟が生まれる。そして、この精神こそが、リーダーが周囲の人間を動かしてしまう原動力の正体だ。

もっとも「弱さを隠さない」という姿勢そのものが、万能なのではない。**誰よりも汗をかき、ひたむきに努力をし、そして他者を蔑まないリーダーが、虚勢を張らず弱さもしっかり見せることが、チームを動かす幇助精神をつくりだす。**

そうした条件が揃ってはじめて、「弱さを隠さない」はリーダーにとって重要なパーツナリティとなりうる。すなわち、すべてを背負ってくれているリーダーが、実は裏ではぶるぶると震えているからこそ、そのリーダーのために「自分は何ができるのか?」をチームメンバーが真剣に考えるのだ。

さらにスタイリストの中井綾子氏は、肩書きの上下を問わず、どんな立場の相手にも自身の弱みを見せられるのが、内村の〝独特の武器〟だと指摘する。

「本番前に『俺、うまくできるかなぁ』と身内にもらすような言葉を聞くと、距離が縮まったように感じます。『私はスタイリストで良かったです。衣装が決まればそんなに緊張することないですもん』と正直に返しますが、正直に返せることを含めて、**『弱みを見せる』という武器が距離を縮めてくれてるのではないか**と思います」

---

弱さを隠さない内村の姿は、リーダーとしてマイナスに作用するどころか、周囲の人間が内村の内面にある「人間らしさ」を目にすることでプラスに働いている。

いとうあさこ氏も、

「内村さんのことを、みんなでゲラゲラ笑ってもよい感じがある。**コントの世界の神様のような方なんですが、神様じゃない。いつも人間を見せてくれる。**隣のおにいさんでいてくれる」

と慕う。

「ああ、この人も私たちと変わらない普通の人なんだ」と自然と思わせてしまうところが、誰からも好かれる内村の〝最大の強み〟なのだ。

そして、**自分が「弱い」ということ、自分が「完璧でない」ことをちゃんと知っているリーダーは強い。弱い人の気持ちも分かるし、パーフェクトを装っていないから、欠点を自覚しながら、その人生を突き進んでいくことができる。**

# 35 「尊敬」されなくていい

これまで2項にわたり、チームのメンバーがリーダーを「好き」になるか否かのポイントは、リーダーが完璧であるかどうかではなく、実は、リーダーに〝愛すべき弱点〟があるかどうかに拠るのだということを解説してきた。

私たちビジネスパーソンは通常、組織の中で、「リーダーとして尊敬されるにはどうすればいいか」を考えてしまいがちだ。なぜなら、「尊敬」という感情こそがチームがリーダーのために動いてくれる原動力だと考えるから。

**しかし極端なことを言えば、「好き」になってさえもらえれば、「尊敬」などされなくていい。**そしてこれこそが、本書の最後に掲げたいキーワードになる。

**内村のことを周囲の関係者が語るとき、あまりにためらいなく、「好き」という言葉が出てくることに驚愕した。**30歳以上の年齢差がある俳優・中川大志氏も、大先輩である内村のことを目をキラキラさせながら「すごい好きです」と語った一人。

「なんて言うんですかね、人柄が本当に優しいんです。そういう偉ぶってないところが本当にすごいなと思います。**だから、もう、本当に……大好きなんです！　みんなが大好きになる座長なんです！**」

---

どんな言葉を使えば、自分の内村に対する想いを不足なく表現することができるのか、いくつもの言葉を重ねた挙句、言葉では伝えきれない強い気持ちを乗せ発せられた、「好き」というそのセリフ。この時の中川氏の表情をそのまま録画して内村に見せたい、と思ってしまうくらい、満面の笑顔で、一部の迷いもなく、中川氏は「大好き」と言い切った。

その笑顔のあまりの眩《まぶ》しさに、取材後、思わず筆者は、果たして自分には自分のことを「好きだ」と言ってくれる部下やチームメイトはいるだろうか、と自問自答してしまった。

「尊敬する」「信頼する」と言ってくれる後輩は探せば多少はいるかもしれない。だがそれは、仕事で出した僅かばかりの結果や、幾分か彼らより経験を積んでいるからできることに対して向けられているもののような気がする。長所も短所もひっくるめて、隙や弱さも包括したうえで発せられる「大好き」の前には、あまりに無力な言葉だ。

ウド鈴木氏にいたっては、取材の最後に、わざわざ筆者を建物の外まで見送り、

「内村さんのことをよろしくお願いいたします」

といって深々と頭を下げた。その一連の言動から、内村に対する計り知れない想いが伝わってきた。

**この「好き」という感情は、本書が目指すべきリーダー像としてのいわば〝究極体〟ではなかろうか。**

「尊敬」や「信頼」はビジネス上の割り切った関係性においても生じる感情だし、「あの人のここはさておき、こういうところは尊敬できる」などのように相手の〝短所〟は切り離して、「一部分」である長所とだけの向き合いもできる。けれど「好き」は、欠落もわかったうえで相手のすべてを受け入れているかのように、筆者には感じられる。

要するに「好き」という感情は「尊敬」や「信頼」の上位互換であり、リーダーのためにチームが動いてしまう究極の要素という考え方。そこにはすなわち、**「いろいろ大変な**

**ことはあるけど、結局この人のことが好きだから頑張れるんだよね」とチームに思わせてしまう問答無用の力がある。**

筆者自身も十数年の会社人生の中で、思いつく限りで何人かは「この人、好きだな」と思わされる先輩や仕事仲間がいた。今でもその人物からの依頼なら、たとえどんな案件でも、どんなに多忙でも必ず引き受けようと決めている。リーダーとなるあなたが周囲の人間をそんな気持ちにさせることができれば、リーダーとして〝最強〟であるのは間違いない。

日本テレビ・黒川高氏は、まさに自分が内村に対してそういう気持ちを抱く一人だとしつつ、だからこそ、内村との仕事は自分の持ちうる力を最大限に発揮するのだと熱く語ってくれた。

---

「共演者もスタッフも全員が内村さんのことを心から好きになってしまうんですよね。とにかくみんなに愛されている。**大好きな内村さんの期待を裏切ってはいけないと思う**から、現場はすごく引き締まっていて、内村さんに恥ずかしくないものを作らなければという空気がある」

「好き」は究極の感情であるからこそ、ビジネス上の関係においてその域に達することは容易なことではないにもかかわらず、**なぜ内村がみんなに愛されるのか。それは内村がこれまで35項にわたって本書が提案してきたような人間性・姿勢・行動を示すからに他ならない。**結果、内村は、尊敬を遥かに凌駕《りょうが》する「好き」を周囲から向けられている。

『LIFE!』の総合プロデューサー・山之口明子氏も、みんなが内村のことを大好きだから、

「いわゆる典型的な〝強力なリーダーシップ〟がなくても、この人を笑わせたいとか恥をかかせられないとか、そういう気持ちになって自然とチームが動いていく」

としたうえで、なぜみんながこんなに内村のことが好きなのか、こう分析する。

「一生懸命なところや、誰よりも頑張って努力しているとか、何歳になっても何かに挑んでいるとか、自分自身のためというよりは誰かにエールを送りたいとか、紅白で

はアーティストにリスペクトを持ちながら、その人たちの舞台に華を添えたいとか。完璧主義者であり、静かなる挑戦者みたいなそういう魅力とか、そういったところが、みんなが内村さんを大好きになって集まってくる理由ですよね」

計らずも、**「誰よりも一番汗をかく」「肩書きに上下をつけない」「最後は背負う」「ひとつ先まで気遣いする」「一番のお客さまでいる」「仕事人の前に人間でいる」「弱さを隠さない」といった本書が重要視する様々な姿勢やアクションの一つひとつの積み重ねが、リーダーへの「好き」という感情をもたらしている。**

「それらが〝すべて一つの流れ〟となって、最終的に大きな物事も動かして行く力になるのではないでしょうか」

この山之口氏の言葉に、**内村のリーダーとしての特徴が、最終的にすべて連鎖しあい、小さな川の流れがぶつかりあい、やがて大きな海になるように、チームの力を〝より大きなもの〟へと変えていく**ということがまさしく証言されている。

正直なところ筆者自身も、本書のキーワードを列挙し、その文章をまとめながら、自分自身が普段いかにそれを実現できていないかを痛感し、時に落ち込みながら本書を書いていた。しかし、本書を書き終える今、これまでのキーワードを一つでも多く実践し、〝チームに愛されるリーダー〟になるために努力しようと思っている。

最初は簡単ではないかもしれない。だがその一つひとつのアクションが、リーダーであるあなたや組織のために、部下や後輩が自発的に、そして能動的に、「考動するチーム」へと確実に変化していくきっかけとなると信じている。

# おわりに

ここまで読んでいただいた読者の方々に向けて、最後に、あえて触れておきたいことがある。

リーダーとしての内村光良の要素を多方面から徹底的に分解し構成した本書だけに、読者の中には、内村に生まれながらにしてリーダーの素質があるかのように受け取ってしまう人もいるかもしれない。

それは大いなる間違いであり、内村は、ずっと昔から〝今の内村光良〟だったわけではない。若い頃はリーダーという意識は一切なく、同年代の中でもそのような役回りでもなかった。どちらかというと、真逆のタイプだった。

事実、専門学校の同級生だった南原清隆氏、出川哲朗氏、入江雅人氏らで旗揚げした劇団「SHA.LA.LA.」でも座長は出川氏が務め、内村はリーダーのようなポジションでは全くなかった。どちらかというと引っ込み思案で、劇団でも隅や端っこにいるタイプだったという。


ケイマックス代表取締役社長・工藤浩之氏は、35年以上にわたり『ウリナリ!!』『内村プロデュース』をはじめ数々の大ヒット番組を共に作ってきた、戦友のような存在。

その工藤氏曰く、内村は「人見知りを通りこして、〝人嫌い〟だった」という。20代の頃は、スタッフたちとの飲み会に行くことを好まず、どうしても行かなくてはいけない折は、一番端に席を陣取り、誰とも話さず一人『週刊少年ジャンプ』を読んでいたという話はバラエティ界隈では有名。

正直、筆者の後輩が当時の内村と同じようなことを仕事仲間との会食の場でしていたら、その場で説教をしているかもしれない。少なくとも自分がスタッフだったら、チームメイトとして、当時の内村という人間を素直に「好き」にはなれなさそうだ。そう、内村も以前は、「リーダー」でもなんでもなかったのだ。

つまり内村は、典型的な〝後天的リーダー〟であり、しかも30代半ば以降に、必要に迫られ進化を遂げたタイプなのだ。

「いつからリーダーっぽくなっていったか？　そうですね、『ウリナリ!!』などでコーナーによっては南原に頼れず自分で仕切らなくてはいけない企画もあって、だんだんと自分がやらなくてはいけない環境になり意識が変わったところもあるでしょうけど……本当にリーダーっぽくなってきたのは、『内村プロデュース』をやりはじめてからかな。あの頃から、自分に求められている役割に気づいたんじゃないか」

『内村プロデュース』が始まったのは、実に内村が34歳の頃。この頃になって、いよいよリーダーとしての振る舞いの必要にかられてはじめて、内村はリーダーになったと工藤氏は言う。そして、生来の謙虚さがベースとなり、リーダーだけど誰に対しても頭を垂れている姿勢で、誰からも慕われる、今の内村光良的リーダー像が花開いたのだと。

たとえ今は、あなたが「リーダー」としての自分の素質に不安を感じていたとしても、どうか焦ることなく、内村を真似ることから始めてみて欲しい。なぜなら、努力でここまでなれるのだから。

と、言うと、内村の努力の天才ぶりに、「自分はこんなにも仕事に対して努力できない」と端《はな》から諦めてしまう方もいるだろう。

だが安心してほしい。内村は元来、仕事に対して努力をするタイプの人間ではなかったのである。従兄であり放送作家の内村宏幸氏が教えてくれたリアルガチのエピソードをご紹介しよう。

---

「専門学校時代、一緒に住んでいましたけど、彼はアルバイトを滅多にしなかったんですよ。だって、働くことに興味がなかったから、純粋に働きたくなかったんです。まぁ、僕も同じで、二人ともバイトは本当にしなかったなぁ。お金がなくなったらやる、みたいな。二人合わせて400円ぐらいしかなかったときもありました（苦笑）。この仕事に就いたからよかったけれど、もし会社員とかだったら、お互いに決して褒められたタイプではなかったと思います（笑）」

読者のうち、おそらくほとんどの人が、この専門学校時代の内村よりは「働く」ということに前向きなはずだ。「お笑い芸人」という天職に出会ったことで、内村の努力の才能は見違えるように結実したが、根本は働くことに意欲的でなかった内村がここまで変化した。

もしあなたが、今の仕事にそこまで夢中になれていなかったとしても、職場が変わったり、社内でのポジションが変わったり、それこそ突然リーダーに抜擢されたりしたら、そこで別人のように変貌を遂げる可能性は十分にある。

本書が、多くの働く方々の、その〝きっかけ〟となることを望んでやまない。

最後に。本書は株式会社博報堂ＤＹメディアパートナーズの細谷まどか氏のプロデュースを受け、株式会社博報堂ケトルの同僚・伊集院隆仁氏の協力により上梓する機会を得た。「内村光良」という、ある意味、大きすぎるその存在を著書のテーマにすることに、当初はためらいや不安を持っていた筆者の背中を押してくれた、本書の陰の立役者だ。

そして、編集・森鈴香氏、宇都宮健太朗氏、佐々木広人氏、作田裕史氏と、ここまで本書を読み進めてくださった読者の方々への謝辞をもって、最後の言葉とさせていただきたい。

## 取材にご協力いただいた方々（五十音順）

### 青木　裕子（あおき・ゆうこ）

1994年、関西テレビ放送株式会社に入社。現在、コンテンツデザイン局東京編成部勤務。映画事業部在籍中に『ボクたちの交換日記』でプロデューサーを務める。過去担当作品に『モヒカン故郷に帰る』『ボクの妻と結婚してください。』『パンとバスと2度目のハツコイ』など。

### 飯山　直樹（いいやま・なおき）

1989年以降、テレビ番組制作に関わる。TVディレクター。過去の担当番組は『進め！電波少年』（日本テレビ）、『ウッチャンナンチャンの炎のチャレンジャー』『内村プロデュース』（テレビ朝日）など。現在の担当番組は『さまぁ〜ず東京』（テレビ東京配信番組）、『内村さまぁ〜ず』（Amazon Prime Video）、『なぎスケ！』（Amazon Prime Video）、『7・2 新しい別の窓』（ABEMA）など。

### いとう あさこ

1970年生まれ、東京都出身。マセキ芸能社所属。レギュラー番組、『ヒルナンデス！』（毎週火曜日）、『世界の果てまでイッテQ！』（日本テレビ）、『すイエんサー』（NHK・Eテレ）、『ラジオのあさこ』『大竹まことゴールデンラジオ！』（毎週水曜日、文化放送）をはじめ、多数のメディアに出演中。

## 伊藤　隆行（いとう・たかゆき）

1995年、株式会社テレビ東京に入社。編成部を経て、制作局で多くのバラエティ番組を立ち上げる。制作局クリエイティブビジネス制作チーム部長。担当番組に、『モヤモヤさまぁ～ず2』『緊急SOS！　池の水ぜんぶ抜く大作戦』『やりすぎ都市伝説』など。内村光良とは11年に『そうだ旅（どっか）に行こう。』、15年に若手芸人のネタ番組『チャップリン』シリーズ、19年に不定期特番『内村のツボる動画』を立ち上げ現在に至る。

## 内村　宏幸（うちむら・ひろゆき）

1989年、放送作家としてデビュー。以後、ウッチャンナンチャンの番組を中心に多数バラエティ番組に参加。主な番組に『夢で逢えたら』『ウッチャンナンチャンのやるならやらねば！』『笑う犬シリーズ』（フジテレビ）、『ウッチャンナンチャンのウリナリ‼』（日本テレビ）、『サラリーマンNEO』『LIFE！～人生に捧げるコント～』（NHK）など。

## ウド　鈴木（うど・すずき）

1970年、山形県生まれ、51歳。91年に天野ひろゆきとキャイ～ンを結成。現在、バラエティを中心にドラマでも活躍中。『もしもツアーズ』（フジテレビ）、『ウドちゃんの旅してゴメン』（メ～テレ）にレギュラー出演。キャイ～ンのYouTubeチャンネル『キャイ～ンのティアチャンネル』も配信中。

**大の木　ひで**（おおのき・ひで）

ヘア&メイクアップアーティスト／ボディアートクリエイター。テレビ局メイク室からキャリアをスタートさせ、数多くのモデル、タレント、俳優陣から絶大な信頼を獲得。国内外問わず、舞台、広告、テレビにおいて活躍中。AHAヘアメイクコンテスト世界大会グランドチャンピオン、ボディアート部門チャンピオン、カントリーメイク部門チャンピオン他、受賞歴多数。美容室Hidden《ヒドゥン》代表。21年に自身初のボディアート作品集『妙　BODY ART』（文化工房）を出版。

**片山　勝三**（かたやま・しょうぞう）

1974年、神戸市生まれ。吉本興業株式会社退社後、09年にライブプロデュース会社の株式会社SLUSH-PILE.を設立。内村光良主宰のライブ「内村文化祭」をはじめ、数多くの芸人のライブをサポート。また自社で主催・企画・制作する芸人のライブは特異な企画が多く、お客さまから熱い支持を受け、興行完売率は9割を超える。

**木月　洋介**（きづき・ようすけ）

2004年、株式会社フジテレビジョンに入社。バラエティ番組の企画・演出を務め、『森田一義アワー　笑っていいとも!』最終回の演出を担当した。現在の担当番組は『痛快TV　スカッとジャパン』『今夜はナゾトレ』『新しいカギ』『ネタパレ』『久保みねヒャダこじらせナイト』など。

## 木村　多江（きむら・たえ）

舞台役者としての活動を経て、1996年、ドラマデビュー。ドラマ『大奥』『白い巨塔』（フジテレビ）などで注目を集め、映画『ぐるりのこと。』では多数の映画賞を受賞。その後、多彩な演技力を活かし、映画『東京島』『金メダル男』『ユリゴコロ』、NHK連続テレビ小説『とと姉ちゃん』、『あなたの番です』（日本テレビ）、『24 JAPAN』（テレビ朝日）などに出演。長寿番組である『美の壺』（NHK・BSプレミアム）では天の声を務める。

## 工藤　浩之（くどう・ひろゆき）

1960年生まれ。大学卒業後、『ウンナン世界征服宣言』（日本テレビ）や『大石恵三』（フジテレビ）など数多くのテレビ番組を演出し、96年、株式会社ケイマックスを設立。以後『内村プロデュース』（テレビ朝日）、『桑田佳祐の音楽寅さん』『木梨サイクル』（フジテレビ）、『A-Studio』（TBSテレビ）、『いろもん』『グータンシリーズ』（日本テレビ）、『内村さまぁ～ず』（Amazon Prime Videoほか）、『乃木坂工事中』（テレビ愛知＋テレビ東京）など数多くのバラエティ番組を制作。

## 栗谷川　純（くりやがわ・じゅん）

1988年、近畿日本ツーリストサービス入社。添乗員として全国を飛び回る。90年、レスパスビジョン株式会社入社。映像とはかけ離れた世界からダイブして31年。MV、ライブ映像から映画、ドラマまで幅広く編集に携わる。主な編集担当作品に、音楽：『夜会』（1992～1998年、中島みゆき）、TVドラマ：『33分探偵』（フジテレビ）、『勇者ヨシヒコシリーズ』『アオイホノオ』（テレビ東京）、映画：『銀魂』『金メダル男』『僕に、会いたかった』『星屑の町』『BOLT』など。「無駄な事などひとつもない!!!」の精神で活動中。

**黒川　高（くろかわ・たか）**

2001年、日本テレビ放送網株式会社に入社。情報・制作局　チーフディレクター。現在の担当番組は、『スクール革命!』（企画・演出）、『笑神様は突然に…』（企画・演出）、『幸せ!ボンビーガール』（プロデューサー）、『笑ってはいけないシリーズ』（演出）など。過去の担当番組は『ナカイの窓』『ネプ&イモトの世界番付』（企画・演出）、『ダウンタウンのガキの使いやあらへんで!』（演出）、『火曜サプライズ』『ヒルナンデス!』（プロデューサー）など。

**重松　圭一（しげまつ・けいいち）**

1990年、関西テレビ放送株式会社に入社。東京支社長。『僕の生きる道』他ドラマプロデュースを経て編成局編成部、映画事業部在籍中に『ボクたちの交換日記』でチーフプロデューサーを務める。主な担当映画に『阪急電車　片道15分の奇跡』『ボクの妻と結婚してください。』『mellow』など。

**下梶谷　敦（しもかじたに・あつし）**

2005年、株式会社読売新聞東京本社に入社。エンターテインメントジャンルのビジネスを中心に活躍。16年に内村光良氏が読売新聞夕刊に連載、自身で監督も務めた映画の原作となった小説『金メダル男』（中公文庫）を担当。19年には内村初の書き下ろし小説『ふたたび蝉の声』（小学館）の編集に携わった。

## 白石　千江男（しらいし・ちえお）

株式会社アミューズでアーティストマネージメント、番組制作、舞台制作に関わった後、２００５年に舞台制作会社の株式会社アタリ・パフォーマンスを設立。娯楽作品を中心に舞台の企画・制作を行っている。

## 塚地　武雅（つかじ・むが）

１９７１年生まれ、大阪府出身。96年、鈴木拓とともにお笑いコンビ「ドランクドラゴン」を結成。バラエティ番組に出演する傍ら、02年頃から俳優としての活動も始める。06年には、映画『間宮兄弟』で「第30回 日本アカデミー賞」新人俳優賞、「第49回 ブルーリボン賞」新人賞などを受賞。

## 中井　綾子（なかい・あやこ）

１９９８年、京都精華大学美術学部卒業。フリーのスタイリストアシスタントとして活動後、株式会社コンテンポラリー・コーポレーションに所属。16年、独立。事務所crepeを立ち上げ、俳優やタレント、アーティストなどのスタイリングを担当。主に広告、テレビ、ドラマ、映画、舞台挨拶などで幅広く活動。番組のコーナー衣装のデザインなども手掛ける。

## 中川　大志（なかがわ・たいし）

１９９８年生まれ、東京都出身。09年俳優デビュー。11年『家政婦のミタ』（日本テレビ）で注目を集める。

以後、NHK大河ドラマ『真田丸』、『花のち晴れ～花男Next Season～』（TBSテレビ）、NHK連続テレビ小説『なつぞら』など数多くの話題作に出演。19年には「第42回日本アカデミー賞」新人俳優賞を受賞。近作には『砕け散るところを見せてあげる』『FUNNY BUNNY』『犬部！』などがある。

## 西川　毅（にしかわ・つよし）

NHK制作局、第5制作ユニット・チーフディレクター。主にコント、コメディードラマを企画・演出。過去の作品に『祝　女《しゅくじょ》』（コント）、『忍べ！右左エ門』シリーズ（ドラマ）、夜の連続テレビ小説『うっちゃん』（ドラマ）など。現在は『LIFE！～人生に捧げるコント～』総合演出。

## 古立　善之（ふるたち・よしゆき）

1997年、日本テレビ放送網株式会社に入社。バラエティ番組の企画・演出を務める。主な担当番組は『世界の果てまでイッテQ！』『1億3000万人のSHOWチャンネル』『月曜から夜ふかし』『満天☆青空レストラン』『うわっ！ダマされた大賞』など。

## 星野　博規（ほしの・ひろのり）

1976年生まれ。小学館第四コミック局「ガガガ文庫」編集長。株式会社小学館入社後、『週刊ポスト』など雑誌編集を経てライトノベル、書籍の編集を担当する。19年に小学館より刊行された『ふたたび蝉の声』は、内村光良の初となる書き下ろし小説。

## 松本　整（まつもと・せい）

映像プロデューサー。内村光良監督作『ボクたちの交換日記』『金メダル男』でプロデューサーを務める。『パコと魔法の絵本』『１００回泣くこと』など、これまでにプロデュースした映画は20作品を超える。電通コンテンツビジネス・デザイン・センター所属。

## 山之口　明子（やまのくち・あきこ）

ＮＨＫ制作局、第５制作ユニット・チーフプロデューサー。同局入局後、エンターテインメント番組のディレクターとして『鶴瓶の家族に乾杯』『ＳＯＮＧＳ』『紅白歌合戦』などの番組を担当。編成局で視聴者調査などのマーケティング業務に携わった後、12年現部署にて『ＬＩＦＥ！～人生に捧げるコント～』の立ち上げに参加、15年からはチーフプロデューサーとして番組に関わっている。

**畑中翔太** はたなか・しょうた
1984年生まれ。埼玉県出身。中央大学法学部卒。博報堂ケトルクリエイティブディレクター／プロデューサー。これまで多くの企業・ブランド・地域の広告キャンペーン制作におけるプロジェクトリーダーを担当。近年は、TVドラマやバラエティ番組などの企画・プロデュースも務める。これまでに国内外200以上のクリエイティブアワードを受賞。クリエイター・オブ・ザ・イヤー メダリスト。まちおこしがライフワークで、“絶やしたくない町の絶品グルメ”を守るプロジェクト「絶メシ」の生みの親。

朝日新書
820

チームが自ずと動き出す
内村光良《うちむらてるよし》リーダー論《ろん》

2021年6月30日第1刷発行
2021年9月30日第4刷発行

著　者　畑中翔太

発行者　三宮博信
カバーデザイン　アンスガー・フォルマー　田嶋佳子
印刷所　凸版印刷株式会社
発行所　朝日新聞出版
〒104-8011　東京都中央区築地5-3-2
電話　03-5541-8832（編集）
　　　03-5540-7793（販売）

Published in Japan by Asahi Shimbun Publications Inc.
ISBN 978-4-02-295128-1
定価はカバーに表示してあります。